AF459560

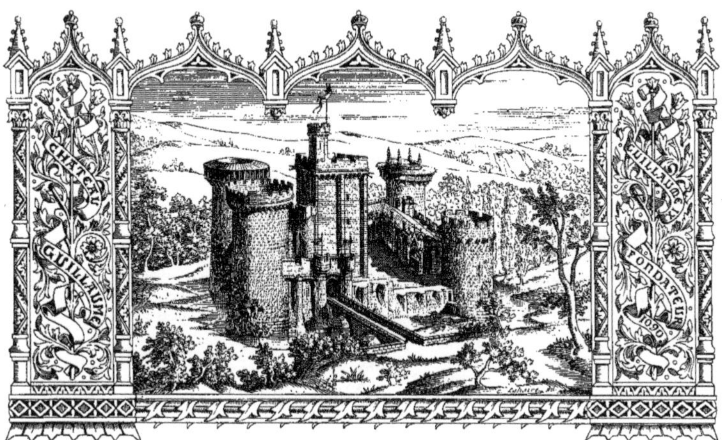

CHATEAU-GUILLAUME AUX XIVe ET XVe SIÈCLES.

CHATEAU-GUILLAUME
EN POITOU

1° *Chaumière du haut Poitou, à Château-Guillaume;*
2° *Le Château, vue prise de la route de Belabre;*
3° — — *du Pénemont;*
4° — — *de l'Esplanade;*
5° — — *de la Chaussée de l'Étang;*
6° — — *au delà du pont Neuf;*
7° *Cartes et plans divers;*
8° *Fac-similé du manuscrit de 1347.*

INDICATIONS PRÉLIMINAIRES

Le Château-Guillaume, en Poitou, offre le plus haut intérêt, tant au point de vue de l'étude de l'histoire, que de celle de l'archéologie, de l'architecture et des mœurs, pendant la féodalité et le moyen âge.

On n'avait rien pu faire de complet jusqu'à ce jour, une partie de la forteresse n'étant pas accessible et le très volumineux chartrier n'ayant été ni examiné, ni classé. Les quelques pages consacrées ci-dessous à l'étude du Château-Guillaume ne sont que le complément des notices parues jusqu'à ce jour sur le même sujet. Sans vouloir les rappeler toutes, il faut, en tête de ce travail, nommer celles qui ont le plus attiré l'attention.

Dans les Annales de la Société des Antiquaires de l'Ouest, le docteur de Beaufort, de Chaillac, fit paraître en 1860 une description très simple, mais intéressante, de la partie accessible du château. Malheureusement, il ne put prendre connaissance des archives, et les éléments historiques les plus essentiels lui firent défaut.

Son œuvre fut reprise par le Président de la Société des Antiquaires de l'Ouest, qui tint à venir faire tout exprès, un séjour au Château-Guillaume. Mais à ce moment, les archives n'étaient pas classées, et le plus profond désordre régnait au milieu des montagnes de vieux parchemins, qui, accumulés depuis des siècles, forment l'inappréciable chartrier du château.

Aussi le savant M. de Longuemar ne voulut-il pas se contenter de ses premières notes prises un peu au hasard, et il se promit, une fois l'ordre rétabli dans les archives, de continuer ses études. Il ne put que commencer ce qui devait être, comme il le pressentait lui-même, son dernier travail ; car, ainsi que l'indique la dédicace d'une des brochures, gracieusement offerte par son fils, M. le colonel de Longuemar, aux propriétaires actuels du château, ce fut « la dernière lecture faite à la Société des Antiquaires de l'Ouest par M. de Longuemar. » C'était le 29 janvier 1881.

Actuellement (1888), les travaux de restauration sont à peu près terminés, les archives sont enfin classées, et parmi les documents modernes figure au premier rang la notice de M. de Longuemar.

Emplacement du Château-Guillaume. — Les terres, le hameau et la forteresse du Château-Guillaume, ou « Castel-Guillem », autrefois situés en Poitou, dépendent aujourd'hui du département de l'Indre (commune de Lignac, car la commune et la paroisse de Château-Guillaume ont été supprimées et réunies à celle de Lignac,

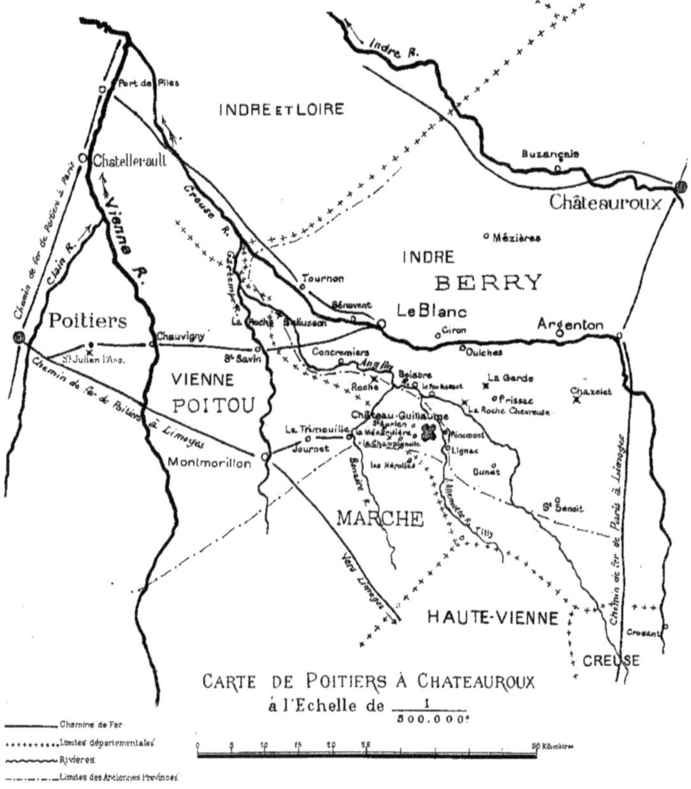

canton de Belabre, arrondissement du Blanc), sur les anciens confins du Poitou, du Berry et de La Marche. Cette position n'avait pas été choisie sans de longues études, car il s'agissait de séparer des provinces qui portaient le nom de Marches Contre-Hostées.

Le Coutumier du Poitou définit ainsi les Marches Contre-Hostées : « *Quasi limites inimici et contra hostes,* » *à cause que les possesseurs d'icelles refusant de servir divers seigneurs, se faisaient investir de leurs biens par* » *les marchions protecteurs des provinces limitrophes.* »

Comme beaucoup de vieux châteaux féodaux, et Château-Guillaume peut à bon droit revendiquer ses titres d'ancienneté, étant de beaucoup l'aîné de Coucy, Pierrefonds, etc., l'antique forteresse avait été assise sur les pentes d'une vallée au fond de laquelle coule l'Allemette : une chaussée retenait les eaux en faisant du fond de la vallée un vaste étang où le château baignait le pied de ses murailles. A cette époque, en effet, on ne se préoccupait guère de bâtir les forteresses sur les hauteurs, et point n'était nécessaire d'avoir un commandement sur le pays environnant, puisque canons et armes à feu n'étaient pas inventés. L'important était que les abords du château fussent inaccessibles et que l'eau fût à proximité. Château-Guillaume, à ce point de vue, réunissait les meilleures conditions, défendu qu'il était par un vaste étang et une rivière. Dans ces dernières années, l'étang a été transformé en prairie. (Voir pl. 2 et 3.)

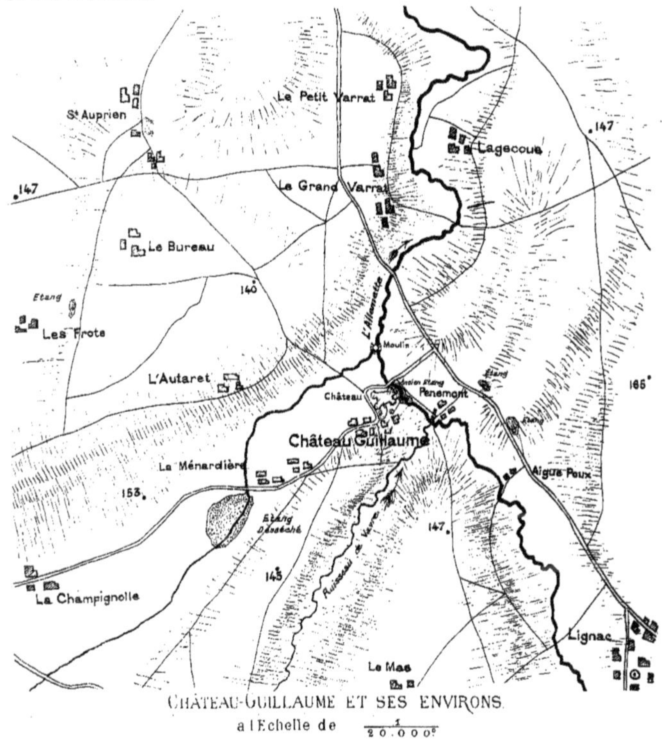

CHÂTEAU-GUILLAUME ET SES ENVIRONS
à l'Echelle de $\frac{1}{20.000^e}$

Situation géographique du Chateau-Guillaume. — Il sera peu question de la situation géographique du Château-Guillaume. les cartes jointes à cette notice parlant suffisamment aux yeux : il est seulement bon de remarquer que si ce point paraît en dehors des grandes voies de communication actuelles (dans ces derniers temps il était même difficilement accessible), c'est qu'il a perdu son importance militaire par la suppression des frontières des anciennes provinces, depuis l'unification du territoire; c'est ce qui explique sa décadence et sa ruine à partir du xviie siècle. La preuve néanmoins de sa position sur une grande voie de communication naturelle, c'est que le tracé du canal à niveau projeté entre la Loire et la Garonne passait au pied même des murs du Château-Guillaume.

Les lignes qui vont suivre ont pour but de réunir tous les renseignements intéressants fournis pendant la restauration du château et le classement du chartrier. Ce travail succinct comprendra trois chapitres :

I. Histoire du Chateau-Guillaume.

II. Chateau-Guillaume et la vie féodale au moyen age, particularités de la vie seigneuriale. — Mœurs et coutumes.

III. Description et restauration du Chateau-Guillaume.

I

HISTOIRE

Château-Guillaume tire son nom de son fondateur, Guillaume IX, duc d'Aquitaine et comte de Poitou, qui le construisit à l'emplacement d'un château fort datant de l'époque carlovingienne. Guillaume IX commença les travaux au retour de la Croisade à laquelle il avait pris part, en 1101 (1). Son fils Guillaume, né, d'après Besly, en 1099, continua les travaux. Les constructions importantes datent du commencement et du milieu du XIIe siècle, mais il existait des remparts d'une époque antérieure.

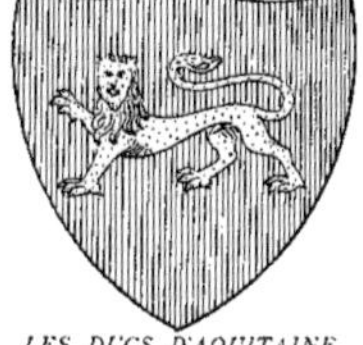

LES DUCS D'AQUITAINE
X^e^, XIe, XIIe, XIIIe siècles.
Xe siècle. — 1210 (I).

Le château fut conservé par les comtes de Poitou pendant le XIIe siècle, puis donné à une branche cadette qui s'éteignit rapidement.

Il vint en effet dans la puissante famille des La Trémoille, ou Trimouille, en 1210, par le mariage de la dernière héritière, dame de Château-Guillaume, avec le sire de la Trémoille (2). Le premier sire de la Trémoille qui ajouta à ses titres celui de seigneur de Château-Guillaume, fut Guillebaud, cinquième descendant de Pierre de la Trémoille (ce dernier vivait en 1040).

LA TRÉMOILLE
XIIIe, XIVe, XVe, XVIe siècles.
1210-1526 (II).

Un des plus anciens titres du chartrier, datant de 1307, règle les droits de justice entre Guy de la Trémoille et le commandeur de Saint-Auprien, de l'ordre religieux des Hospitaliers de Saint-Jean de Jérusalem, dont les terres étaient contiguës à celles de Château-Guillaume.

Tous les actes suivants du dossier relatent les faits et gestes de la puissante famille des La Trémoille, qui, sans interruption, posséda la seigneurie de Château-Guillaume pendant les XIVe et XVe siècles. Il n'y avait pas longtemps que Château-Guillaume avait cessé d'appartenir aux La Trémoille, lorsque l'aîné de cette maison fut créé duc de Thouars, en 1563.

Nombre de pièces montrent que Château-Guillaume, s'élevant sur les limites des trois provinces du Poitou, du Limousin et du Berry, était appelé à jouer un rôle important dans la défense du territoire contre ses envahisseurs.

Réparation des murailles de Chateau-Guillaume. — 1347. — A l'une des époques les plus critiques de l'histoire de la France, Château-Guillaume fut remis en état complet de défense, comme l'atteste le titre original de 1347. L'année précédente, Edouard d'Angleterre venait de remporter sur Philippe de Valois la funeste victoire de Crécy, et à la suite de ce désastre, le comte de Derby, à la tête des bandes anglaises et gasconnes, avait envahi le Poitou.

Plusieurs places et châteaux forts, notamment celui de Montreuil-Bonnin, furent successivement pris d'assaut et saccagés; la ville de Poitiers fut pillée.

(1) Versailles, Salle des Croisades. — Guillaume IX avait décidé la construction du château dès 1090.

(2) Des renseignements contenus dans le *Chartrier de Thouars*, où il est question de Château-Guillaume et de ses seigneurs, il semble résulter que cette forteresse, entrée, comme il est dit ci-dessus, en 1210 dans la maison de la Trémoille, dépendait du roi au point de vue militaire. Exemple : A la date du 26 novembre 1398, Charles VI mande à ses généraux des aides de payer à Guy de la Trémoille ou à son commandement les gages de dix hommes d'armes pour la garde et défense des châteaux de Chalusset, Chaluins, Maumont, *Chasteau-Guillaume* et autres forteresses tenues par Guy de la Trémoille, au nom du roi dans le duché de Guyenne. — Voir aussi dans ce sens, *Livre de Comptes 1395-1406, Guy de la Trémoille et Marie de Sully*.

1386, 2 avril, quittance de Guy VI de la Trémoille au trésorier des guerres, Jean le Flamand, déclarant avoir reçu la somme de trois cens francs d'or pour la paie d'hommes d'armes que le roi avait ordonné de tenir pour la sûreté et la défense des forteresses de *Chastel-Guillaume* et de la Prugne, en Guyenne, etc., etc.

(I) Guillaume IX d'Aquitaine portait : De gueules au léopard d'or armé et lampassé de gueules.

(II) La Trémoille porte : D'or au chevron de gueules, accompagné de trois aiglettes d'azur becquées et membrées de gueules.

L'armement de toutes les forteresses du pays fut décrété d'urgence. Voici le résumé des mesures prises à l'égard du Château-Guillaume, dont les murailles, à la suite de rudes assauts souvent répétés, avaient besoin d'importantes réparations. La pièce, tout entière, qui est du plus haut intérêt, est reproduite à la fin de cet historique :

« Guy, comte de Fourois, lieutenant pour le Roy, dans les provinces de Poitou, de Saintonge et du Limousin, prescrit au Sénéchal » de notre province de faire exécuter les réparations indispensables aux fortifications du Château-Guillaume, situé ès-frontières du Roy, » notre Sire, pour obvier aux dits ennemis, et de contraindre tous les habitants et justiciables de cette châtellenie à contribuer selon leurs » facultés à ces réparations, et à y faire le guet, mais sans les contraindre à prendre part à celles qui ne seraient pas urgentes, comme » aussi de fournir le nécessaire à la garnison du château, à la condition d'en payer juste et loyal prix. »

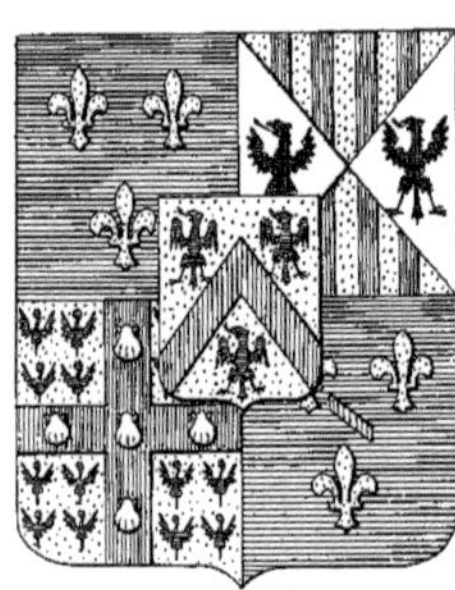

DUCS DE LA TRÉMOILLE
XVIe siècle (III).

C'était sous Guy de la Trémoille. On voit qu'un strict esprit de justice présidait à l'application de ces mesures exceptionnelles, et leur enlevait tout caractère vexatoire, en les maintenant dans d'équitables limites.

En 1526, Château-Guillaume échut en dot à Jacqueline, fille de Georges de la Trémoille, seigneur de Gouville, et passa ainsi à son époux Claude Gouffier, marquis de Boissy, second duc de Roannès, premier titre de duc Français, non de famille souveraine. Jacqueline mourut au château de Chinon en 1548; le roi l'avait condamnée à la captivité pour avoir donné du poison à son mari, vers 1539. On peut lire dans le *Chartrier de Thouars* (documents historiques et généalogiques sur la famille de la Trémoille), page 229, une lettre de Jacqueline relative à ce fait.

On peut citer d'un de ses cousins, François de Bonnivet, le beau trait de désintéressement suivant :

CLAUDE GOUFFIER
Marquis de Boissy, duc de Roannès.
1526-1548 (IV).

Catherine de Médicis, sous sa régence, en 1574, fit venir François de Gouffier, seigneur de Bonnivet, chevalier de l'Ordre du roy, lieutenant général au gouvernement de Picardie, capitaine de cinquante hommes d'armes des Ordonnances, pour lui annoncer qu'elle venait de donner à son fils un régiment d'infanterie :

« *Madame, lui dit-il, il y a un mois que mon fils, passant seul le soir* » *dans une rue de Paris assez écartée, fut attaqué par cinq hommes; le capitaine* » *Lavergne, qui ne le connaissait point, venant à passer par cette rue, mit l'épée* » *à la main, tua deux de ces assassins, mit en fuite les trois autres. Agréez,* » *Madame, que mon fils ne passe point avant son bienfaiteur. Lavergne s'est* » *distingué en plusieurs occasions; vous vous acquerrez un des plus braves hommes* » *de France; à l'égard de moi et de mon fils, vous connaissez notre inviolable* » *attachement pour Votre Majesté.* »

« *Un cœur aussi reconnaissant que le vôtre, lui répondit Catherine de Médicis,* » *engage à ne pas le refuser; je consens à ce que vous souhaictez, et n'oublierai* » *point votre fils.* »

François de Gouffier de Bonnivet fut fait chevalier du Saint-Esprit, à la première promotion de cet ordre, le 31 décembre 1578.

Il mourut le 24 avril 1594.

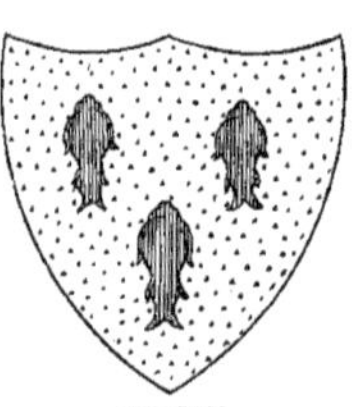

CHABOT
Comte de Charny et de Buzançais.
1548-1578 (V).

A la mort de Jacqueline de La Trémoille, en 1548, sa fille unique, Claude, apporta Château-Guillaume en dot à Léonor Chabot, fils de l'amiral, comte de Charny et de Buzançais, à qui elle fut mariée en 1549. Château-Guillaume resta entre ses mains pendant trente ans, de 1548 à 1578. Pendant ce temps son père, successivement créé marquis de Boissy et duc de Roannès, s'était remarié quatre fois.

(III) La Trémoille porte : Écartelé, au premier d'azur à 3 fleurs de lys d'or qui est de France; au deuxième, contre-écartelé en sautoir, en chef et en pointe, d'or à 4 vergettes de gueules, et en flancs, d'argent, à l'aigle de sable qui est d'Aragon-Naples; au troisième de Montmorency-Laval; au quatrième d'azur à 3 fleurs de lys d'or, au bâton de gueules péri en bandes, qui est, de Bourbon. Sur le tout d'or, au chevron de gueules, accompagné de 3 aiglettes d'azur, becquées et membrées de gueules, qui est de la Trémoille.

(IV) Gouffier, marquis de Boissy, duc de Roannès, porte : D'or à trois jumelles de sable.

(V) Chabot, comte de Charny et de Buzançais, porte : D'or à trois chabots de gueules.

Charlotte, cadette des filles de Léonor Chabot, comte de Charny et de Buzançais, apporta Château-Guillaume par son contrat de mariage à JACQUES LE VENEUR, comte de TILLIERS, en 1578. (Les titres originaux portent souvent Thuilliers et Tuilliers.) Charlotte, devenue veuve, resta seule propriétaire de Château-Guillaume, jusqu'à sa mort survenue en 1606.

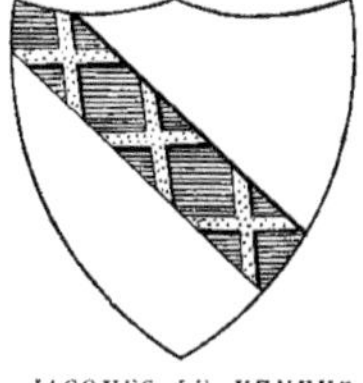

JACQUES LE VENEUR
Comte de Tuilliers ou Tilliers.
1578-1606 (VI).

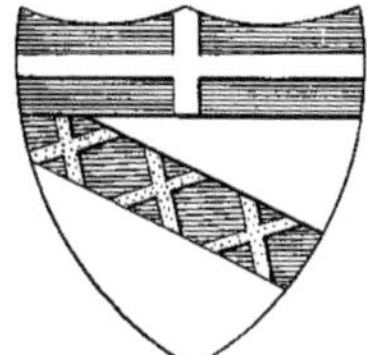

LE VENEUR
Seigneur et abbé de Villy-en-Gouffey.
1606-1612 (VII).

Dans cette même année 1606, à la suite de partages de famille, Château-Guillaume échut à l'un des frères de JACQUES LE VENEUR, seigneur et abbé de NOTRE-DAME VILLY-EN-GOUFFEY. Il ne devait le garder que peu de temps, car, en 1612, le seigneur et abbé de Villy-en-Gouffey échangea Château-Guillaume contre des propriétés plus à sa convenance en Anjou, au profit de PIERRE RIFFAULT, écuyer, et de dame de Suilan, sa femme.

Cette seigneurie demeura soixante-quatre ans dans la famille des Riffault, dont l'un des membres, gentilhomme ordinaire de la chambre du roy et chevalier de l'Ordre de Saint-Michel, prenait le titre de baron. Selon toutes probabilités, ce fut sous un des Riffault que le PÉNEMONT, qui aujourd'hui encore fait partie des terres du Château-Guillaume, fut donné à des cadets qui prirent le titre de vicomte, avec propriété héréditaire.

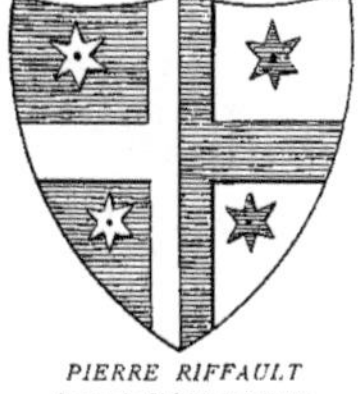

PIERRE RIFFAULT
Baron de Château-Guillaume.
1612-1676 (VIII).

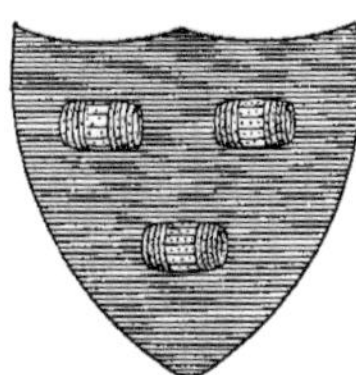

Vicomte de PÉNEMONT
(IX).

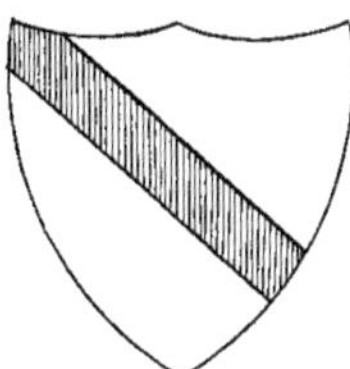

Comte de LA FAIRE
1676-1798 et 1802-1846 (X).

Alors commence, pour durer plus d'un siècle et demi, une véritable période de décadence pour la vieille forteresse du Château-Guillaume, dont les murailles imposantes vont tomber en ruines sous la possession des LA FAIRE, vieille et noble famille du Berry, entre les mains de laquelle elle vint par suite d'expropriation en 1676, sous Claude de La Faire.

VENTE DU CHATEAU-GUILLAUME AU CITOYEN VEILLAT-DEGALLE, 29 PLUVIOSE AN VI. — En l'an 1798, an VI de la République Française, 29 pluviôse, eut lieu la vente du Château-Guillaume; les antiques murailles et le vieux donjon furent adjugés au citoyen Veillat-Degalle, comme dernier enchérisseur, pour 210,000 livres. L'acte de vente, fait à Châteauroux le 29 pluviôse an VI, par les administrateurs du département de l'Indre, accompagnés du citoyen H. Devaux, commissaire du pouvoir exécutif, réunis pour vendre les biens de l'émigré Lafaire, porte que :

« *L'adjudication fut prononcée en faveur du citoyen François Veillat, pour 210,000 francs. Ce citoyen*

(VI) Jacques Le Veneur, comte de Tuilliers, porte : D'argent à la bande d'azur chargée de trois sautoirs d'or.

(VII) Le Veneur, seigneur et abbé de Villy-en-Gouffey, porte : D'argent à la bande d'azur chargée de trois sautoirs d'or avec le chef d'azur à la croix d'argent.

(VIII) Riffault porte : Parti au 1 d'azur, au 2 d'argent à la croix accompagnée de quatre étoiles, de l'un en l'autre.

(IX) Vicomte de Pénemont : D'azur, à trois tonneaux d'or, posés 2 et 1.

(X) La Faire porte : D'argent à la bande de gueules.

» a déclaré que c'était pour et au nom de François-Guillaume Vincent, demeurant à Paris, rue Denis, n° 44, » et la citoyenne Magdeleine-Julie Mesnard, épouse non commune en biens, de Charles-Benoist Faurre, » membre du Conseil des Anciens, demeurant à Paris, place Vendôme, n° 104, ou pour leur ami à élire, » suivant la procuration reçue; Gabin et Tiron, notaires à Paris, le 15 frimaire dernier. »

Le Château-Guillaume tomba alors complètement en ruines, comme le prouve la visite minutieuse faite en 1803 (15, 17, 18, 21 et 22 prairial an XI), par le citoyen Antoine Cervenon, notaire à la résidence de Lignac, à la requête du citoyen François La Faire, propriétaire, fils et unique héritier bénéficiaire de Louis-Jacques La Faire. (Château-Guillaume, au sortir de la Révolution, était en effet revenu entre les mains de la famille de La Faire.)

L'inventaire montre en chaque endroit que rien n'est demeuré debout : « *La porte en bois à deux battants » est consommée, elle n'a plus de marteau; les battants sont cassés, le cintre en pierre de taille menace de » s'écrouler très prochainement..... Dans la cuisine, pavée en pierres brutes et plates, il en manque en différents » endroits, et elles sont presque toutes cassées; les murs sont sans crépi et noircis; le châssis et la croisée » de la fenêtre donnant sur les fossés sont consommés et ne tiennent plus que par lambeaux et sont sans vitrage... » Dans une vieille tour à côté, les murs sont à découvert, et la dite tour n'est » pas susceptible de réparations... Pour monter au grenier, il n'y a ni échelles, » ni degrés..., ni châssis, ni volets... Les solireaux de la charpente sont consommés » par la pluie; la latte est vermoulue...* » Et ainsi se continue cette lamentable visite dans chaque chambre, dans chaque tour, dans chaque grenier. Le résultat de l'inventaire est le même partout : une ruine absolue.

PRÉVOST-SANSAC
Vicomte de TRAVERSAY.
1850-1878 (XII).

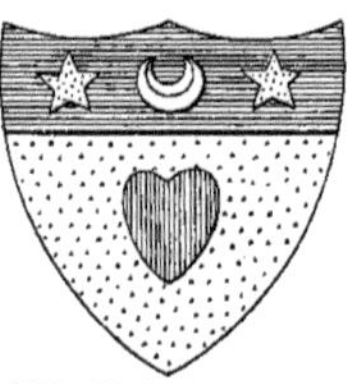

COULARD DE PUYRENARD
1846-1850 (XI).

A la famille des La Faire, qui avait repris le Château-Guillaume en 1802, succéda par donation testamentaire celle des Coulard de Puyrenard, puis celle des Prévost-Sansac de Traversay, qui n'y demeurèrent que peu de temps. Mme la vicomtesse de Traversay était Mlle de Puyrenard.

Les héritiers directs ne pouvant reprendre le Château-Guillaume, la propriété revint alors à la famille Robert de Beauchamp, qui, par ses alliances et sa situation dans le pays, pouvait considérer le Château-Guillaume comme une propriété de famille. C'était en 1878.

ROBERT, Comte de BEAUCHAMP
1878 (XIII).

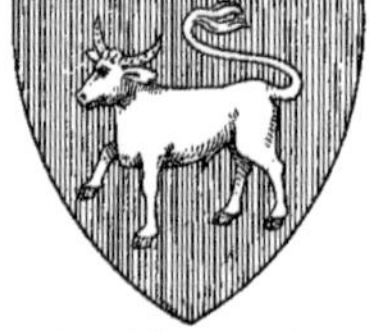

Comte DE LANET (XIV).

« *Madame la comtesse J. de Beauchamp, » née de Lanet, écrivait M. de Longuemar » en 1881, n'a pas reculé devant la lourde » et courageuse tâche de rendre à cette vieille forteresse son ancienne physionomie.* »

Aujourd'hui (1888) l'œuvre est bien près d'être accomplie.

(XI) Coulard de Puyrenard porte : D'or au cœur de gueules, au chef d'azur chargé d'un croissant d'argent accosté de deux étoiles d'or.

(XII) Prévost-Sansac de Traversay porte : D'argent à trois fasces de sable, accompagnées de six merlettes de même, posées trois, deux et un.

(XIII) Robert de Beauchamp porte : Au premier d'azur, à trois bombes d'or posées deux et un. Au deuxième d'azur, au chevron d'argent, accompagné en chef de deux étoiles d'or, et en pointe d'un buste de chevalier revêtu d'une armure d'argent.

(XIV) De Lanet porte : De gueules, au taureau passant d'argent onglé et corné d'or.

II

CHATEAU-GUILLAUME ET LA VIE FÉODALE

AU MOYEN AGE

PARTICULARITÉS DE LA VIE SEIGNEURIALE, D'APRÈS LES DOCUMENTS TIRÉS DE SES ARCHIVES

Ce n'est pas seulement par sa situation, ses proportions, les grands noms mêmes attachés à son histoire, que le Château-Guillaume appelle l'attention; l'étude et la classification du volumineux chartrier ont permis de constater qu'il fut, en même temps qu'un poste de défense, un centre d'activité, un foyer de vie sociale, dont on peut, presque jour par jour, reconstituer les phases. Il est peu des nombreux parchemins parvenus jusqu'à nous, que deux notaires établis en permanence suffisaient à peine à rédiger, qui ne nous fassent assister à quelques scènes ou ne nous remémorent les lois et les usages, depuis le commencement du Moyen âge jusqu'aux abords de notre siècle.

Rang qu'occupait le Chateau-Guillaume. — La terre de Château-Guillaume a été successivement Seigneurie, Châtellenie et Baronnie. Châtellenie est la mention que l'on rencontre le plus fréquemment dans les actes, et surtout dans ceux qui sont postérieurs au xve siècle. Avant cette époque, le Châtelain était Banneret et jouissait des droits les plus étendus.

Role du Seigneur chatelain. — La Châtellenie était l'étendue de la terre et de la justice d'un seigneur Châtelain. Tout d'abord, le Châtelain fut le gouverneur d'un Château établi par les ducs ou les comtes dans les principales bourgades, à la fois pour les tenir dans l'obéissance et y rendre la justice. Les Châtelains « *eurent droit d'avoir* » *maison forte et haute justice annexée à leur seigneurie, avec droit de supériorité sur d'autres justices, mais ils* » *ne pouvaient porter des armoiries qu'en écussons et non en bannières comme les comtes, vicomtes et barons.* ».

Ces privilèges ne furent pas de vains mots pour la Châtellenie de Château-Guillaume. Les quelques documents qui pourront trouver place en ces courtes pages, en fournissent la preuve non équivoque. Néanmoins, la redoutable forteresse avait une autre raison d'être, bien faite pour atténuer l'aspect sévère et menaçant de ses créneaux et de ses tours.

Utilité de la forteresse. — Dans les mauvais jours elle devenait une véritable place de refuge. Les villageois, en suivant aujourd'hui le chemin qui contourne les remparts, ne se doutent guère qu'il fut un temps où leurs pères n'avaient pas d'autre asile, lorsque l'ennemi ravageait la province. Alors, dès que le cri d'alarme était jeté et que les premiers sons du tocsin avaient signalé le danger, les habitants du voisinage, poussant devant eux leurs troupeaux, accouraient s'abriter derrière la deuxième enceinte, qui semblait reculer ses limites pour défendre les petits et les faibles.

Les Charges et leur Répartition. — Les luttes que le Château-Guillaume eut à soutenir furent nombreuses et importantes, et nécessitèrent souvent de sérieuses réparations. La preuve nous en est fournie par l'ordre du Gouverneur de la province, en 1347. (Cette pièce, si intéressante à tous les points de vue, est citée au chapitre Ier et reproduite en fac-similé à l'appendice.)

Les Capitaines d'armes. — La garde ordinaire, comme celle de toutes les forteresses, était confiée à un Capitaine d'armes. En 1571, François de Rapy, qualifié sur un acte de 1585 « écuyer seigneur des Hérolles », jouissait de cet honorable et périlleux privilège. Il paraît qu'il s'acquitta de ses fonctions en loyal gentilhomme. Peut-être fut-il le dernier capitaine officiellement chargé de la garde du Château. Car, à la fin du xvie siècle, les marches ou *frontières* provinciales étaient à peu près supprimées, et l'importance militaire se trouvait, par suite, sensiblement réduite, jusqu'à ce qu'elle devînt absolument nulle.

PARTICULARITÉS DE LA VIE FÉODALE

SES DEVOIRS

Droits d'Hommages. — Au privilège de défendre et de protéger le pays sur lequel elle s'étendait, la Châtellenie joignait le droit d'hommages, rendus aux titulaires par les vassaux et tenanciers de la terre qui étaient justiciables de ses assises. Il arrivait souvent que les plus élevés dans la hiérarchie sociale devaient ce même hommage, pour quelqu'une de leurs possessions, à de moins haut placés qu'eux par la fortune et par le rang. D'où il apparait manifestement que, ce que plusieurs auteurs se plaisent à regarder comme les chaines d'un odieux esclavage et un joug tyrannique, n'était au Moyen âge qu'un ensemble de liens enchainant l'un à l'autre tous les rangs de la société féodale.

Actes d'Hommages. — Les actes d'hommages sont très nombreux dans le dossier de Château-Guillaume, notamment depuis le XVIe siècle jusqu'au XVIIIe. Ils nous montrent, avec évidence, combien les droits féodaux, très stricts au début, tombèrent peu à peu en désuétude et finalement ne furent plus que figurés.

Un des plus curieux, — qui est cité ici à peu près in extenso, — porte la date du 3 avril 1618.

Tout y est réglé à l'avance comme pour une représentation théâtrale. Le lieu précis de la scène est indiqué; « *l'épée et les éperons sont délaissés* » pour aller quérir le seigneur châtelain, mais celui-ci se rend « *en sa personne sur le pont* » ; le genou est simplement « *penché pour être mis à terre* » ; et le suzerain, qui n'est pas en reste de courtoisie avec son vassal, répondant à un simulacre par un autre, s'empresse de « *le relever.* »

Hommage de François de Rapy, 3 avril 1618. — « Aujourd'huy au Châtelnoble de Château-Guillaume et sur le pont d'iceluy, » s'est présenté François de Rapy, écuyer, seigneur des Hérolles, etc., lequel ayant délaissé son épée et ses éperons, selon la coutume, » s'est transporté à la porte dudit Châtel, a frappé à ycelle et demandé Messire François Riffault, seigneur châtelain de Château- » Guillaume et des Vazois, lequel est venu en sa personne sur le pont, et auquel le dit de Rapy, ayant le chapeau au poing et le genou » penché pour mettre à terre (de quoi il a été relevé par ledit seigneur), a dit qu'il luy faisait hommage-lige pour des fiefs et dépendances » tenus noblement à cause de sa Châtellenie; au droit d'hommage-lige d'une paire d'éperons valant cinq sols et d'une paire de gants » de même valeur, priant et requérant mon dit seigneur le recevoir aux dits hommages, offrant payer les dits devoirs, faire le serment » de fidélité et fournir le dénombrement dans le temps de la coutume, a quoy ledit seigneur a reçu ledit de Rapy, etc. »

L'acte d'anoblissement des propriétés, en vertu duquel le fils de l'ancien Capitaine d'armes de Château-Guillaume avait été autorisé à présenter son hommage-lige à François Riffault, alors titulaire de cette Seigneurie, fut délivré en 1592 par Jacques le Veneur, comte de Tuilliers, chevalier des deux ordres du Roy, capitaine de 50 hommes d'armes « *au droit d'une paire de gants valant 20 deniers et d'une paire d'éperons blancs de la valeur de 5 sols, à chaque muance de seigneur et d'homme.* »

Hommages réciproques. — La marquise de Belabre, veuve d'un officier général, rendit en 1732 « *foy et hommage* » à Jacques de la Faire, seigneur et baron de Château-Guillaume, pour le fief de la Roche-Belon, relevant de cette Châtellenie.

A leur tour, les seigneurs de Château-Guillaume devaient ces mêmes hommages à l'évêque de Poitiers, soit à cause de sa maison épiscopale, soit en raison de sa baronnie d'Angles; avec cette différence, constatée dans notre dossier, qu'au XVe siècle « *le haut et puissant Georges de la Trémoille, seigneur de Château-Guillaume et autres lieux, conseiller, grand maitre d'office et premier Chambellan du Roy,* » donna procuration à son maitre d'hôtel, « *André de Chazerat, écuyer* », pour faire « *les hommages féaulx* » qu'il devait à Pierre d'Amboise, évêque de Poitiers, tandis que les successeurs des la Trémoille, dans la possession du Château-Guillaume, rendirent en personne ces mêmes hommages.

Un acte de 1614, signé : « Henry-Louis Chasteignier de la Roche-Posay, évêque de Poitiers, constate que François Riffault, « Chevalier de l'ordre de Saint-Michel, seigneur et baron de Château-Guillaume, s'est présenté « *au pallais épiscopal de Poictiers* » pour lui faire acte d'hommage de sa terre et seigneurie.

JURIDICTION DE LA CHATELLENIE

DROIT DE HAUTE JUSTICE

Origine de la Justice seigneuriale. — Le droit de rendre la justice étant un des attributs de la souveraineté, fut exercé, dès la première race, par les chefs militaires, auxquels les rois avaient donné des terres à titre de bénéfice. Ce droit fut d'abord personnel; mais il suivit le sort des bénéfices, et ainsi qu'eux, devint héréditaire. Telle est l'origine de la *justice seigneuriale*, qui était rendue par chaque seigneur, dans l'étendue de ses domaines en son nom et pour son compte.

Il s'établit peu à peu trois degrés de juridiction, désignés sous les noms de *basse*, *moyenne* et *haute justice*. Cette dernière prérogative était beaucoup plus rare que les deux autres. Le *haut Justicier* avait *droit de glaive* et pouvait condamner au fouet, à l'amende honorable, à la marque, au bannissement, aux galères et à mort.

Le Seigneur de Château-Guillaume jouissait de cette triple juridiction.

Aussi les archives de cette seigneurie fournissent-elles des exemples nombreux de l'exercice de ses droits par les officiers de justice, soit pour la défense des intérêts lésés du seigneur châtelain ou de ses justiciables, soit pour la répression des méfaits, soit enfin pour la punition des crimes.

Il est facile d'en citer quelques exemples.

Exercice du droit de haute justice, Exemple de condamnation a mort. — En 1677, un meurtre fut commis en un lieu appelé « Les Essarts », dans le ressort de la Châtellenie. Jeanne Audier, veuve de la victime Pierre Chastenet, accusait de cet assassinat Pierre Cailleau, Chebrez son valet, et un troisième complice appelé Couvret.

Les accusés assignés à comparaître « à son de trompe et en public » ayant fait défaut, les témoins entendus, les informations prises, « tout vu et considéré, le saint nom de Dieu à ce premier appelé », et la contumace instruite après de longs délais, fut enfin rendue la sentence suivante par le sénéchal et juge ordinaire civil et criminel de la seigneurie : « *Les accusés atteints et dûment convaincus d'avoir, à dessin prémédité, tué Pierre Chastenet, nous » condamnons Pierre Cailleau et Couvret à être pendus et étranglés à une potence qui sera dressée dans la place » publique par l'exécuteur de la haute justice, et Chebrez, valet de Cailleau, à assister nu et en chemise à » l'exécution ayant la corde au col, et de là, être conduit devant le porche de l'église, où étant à genoux, une » torche du poids de deux livres à la main, déclarer qu'il a malicieusement assisté Cailleau en son meurtre et » ledit Couvet à l'assassinat par eux commis en la personne de Chastenet, et en demandant pardon à Dieu et à » la justice; en suite de quoi il sera banni à perpétuité de l'étendue de la Châtellenie, et, en outre, condamne les » trois coupables à 150 livres d'amende envers le seigneur de la Cour de céans, sur lesquelles 50 livres seront » employées pour les réparations de l'église; et en outre avons condamné iceulx à la somme de 25 livres pour prier » Dieu pour l'âme de leur victime.* »

Moyenne et basse justice. — Tous les cas déférés au tribunal de la Châtellenie n'offraient pas, heureusement, le même caractère de gravité. Il y avait, plus nombreux que les crimes, les faits délictueux. Quelques extraits pris au hasard dans le Chartrier montreront que la sollicitude seigneuriale, tout en veillant à ses intérêts, n'était pas exclusive de ceux de ses tenanciers.

En 1694, deux métayers, cités à comparaître devant le Sénéchal de Château-Guillaume « à la prochaine assise », devaient se voir condamner « à payer le droit de mouture », pour avoir cessé de moudre leur grain au moulin banal (1) du lieu « et se purger par serment sur la vérité des grains qu'ils avaient fournoyés à un autre moulin », sinon voir estimer le droit de moudre et, en outre, être condamnés aux amendes que requerrait le seigneur.

Une autre assignation de 1715 a pour objet de faire adjuger une somme de 40 livres à un vieux terrassier devenu infirme et sans moyens d'existence, pour « subvenir à ses aliments et médicaments », et au payement de laquelle le Justicier condamna deux des proches de ce malheureux « solidairement par toutes voies et même par corps. »

En 1748, autre intervention de la justice seigneuriale au sujet du vol d'un taureau, estimé valoir 30 livres et fait au détriment de l'un des métayers du Château, avec stipulation de gros dommages-intérêts et application de peine afflictive; et, comme le délinquant était mort pendant les poursuites de la procédure, ses héritiers, mis en cause, durent donner satisfaction au plaignant.

(1) Moudre au moulin banal de son seigneur était une obligation strictement imposable à ses justiciables, comme l'une des sources de ses revenus. Ce monopole parait bizarre aujourd'hui, et pourtant bien d'autres monopoles, tabacs, allumettes, etc., etc.. sont entrés dans nos mœurs.

LA VIE SEIGNEURIALE

Les souvenirs consignés dans les archives de Château-Guillaume ne sont point limités aux graves épisodes de la vie guerrière et de l'administration locale. On peut encore, en butinant çà et là, dans l'immense Chartrier, retrouver quelques traces de la vie des possesseurs de l'antique manoir.

Toilette de grande Dame au xviie siècle. — Vers 1660, Louise de la Roussière, fille du Seigneur de Champvallon, épousait Pierre Riffault, « Gentilhomme ordinaire du Roy, Chevalier de l'ordre de Saint-Michel, Seigneur et baron de Château-Guillaume. Ils étaient assistés l'un et l'autre de Foucault de Saint-Germain, vice-amiral et maréchal de France, et de haute et puissante dame, Madame de Dampierre.

Aux clauses ordinaires du contrat de mariage, fut joint l'inventaire des objets mobiliers et personnels apportés à Château-Guillaume par la mariée, et dont la valeur reconnue par Pierre Riffault s'élevait à la modeste somme de 2,953 livres, soit environ 6,000 francs de nos jours.

Des dernières pièces de ce trousseau, dont la nomenclature est dressée avec une exactitude scrupuleuse, il suffira d'extraire les plus saillantes pour que l'on ait une idée de la mode du temps et des nombreux emprunts qu'elle faisait à l'industrie étrangère.

Vêtements d'hiver. — Une robe de velours noir estimée 363 livres, soit près de 800 francs; un habit de moire noire, 60 livres; un manteau pareil, 80 livres; un habit gris tout neuf en gros drap, 150 livres; une robe de chambre en taffetas rayé de gris et feuille morte, 50 livres.

Les jupes, au nombre de 15, dont le prix varie de 25 à 60 livres, offraient un assortiment d'étoffes des plus variées, telles que : crêpon noir ou soie cuite et tortillée de Zurich ou de Naples; tabut en gros taffetas ondé, rayé de gris, de citron, de noir et de blanc, avec fleurs rouges; moire bleue ou grise à fleurs chamarrées; ratine blanche ou laine à poil frisé de Florence; brocart à fleurs rouges ou blanches, sorte d'étoffe de laine et soie de Lille et de Hollande; satin à fleurs blanches rayé de rose.

Les vêtements d'été comprennent : un justaucorps à la Rhingrave, en toile de Hollande, garni de dentelles, estimé 50 livres.

Un habit de coton très fin, également garni de dentelles, 36 livres;

Un justaucorps de brocart gris, 20 livres, et deux jupes de basin blanc, 10 livres.

Puis, en femme prudente et qui prévoit le moment où les accidents, les caprices de la mode, obligeront à certains remaniements de ces toilettes, loin des centres populeux où résident les couturières en vogue, Louise de la Roussière s'était approvisionnée, par surcroît, d'étoffes en pièces de nature variée, mesurant 40 bonnes aulnes et valant de 5 à 10 livres l'aulne, pour exercer l'agilité de ses doigts et l'habileté relative de ses suivantes. C'était, d'ailleurs, pour une châtelaine, une utile précaution que de faire bonne figure aux yeux de ses vassales, toujours assez disposées à de malignes remarques, assaisonnées de vieux sel gaulois.

Parmi les détails de l'inventaire consacrés à la lingerie, mentionnons un mouchoir de col en dentelle d'Angleterre, prisé 120 livres, ce qui est un joli denier pour le temps; puis un autre en point de Venise de 30 livres, et quatre autres moins élégants de 25 livres, pièce.

L'article bijoux, de tout temps si cher aux dames, ne figure que pour 250 livres, et l'argenterie de table, renfermée dans un étui en vermeil, pour 150 livres seulement.

Consultation médicale. — Si, du chapitre de la toilette, nous passons à celui de la santé, nous trouvons plusieurs documents parmi lesquels une consultation médicale de la fin de l'année 1721, que n'auraient pas désavoué les médecins de Molière. Nous en donnons quelques extraits.

Le vingt et un novembre 1721, un médecin du Blanc écrivait au seigneur de Château-Guillaume :

« Il est avantageux que le mouvement de fièvre violent qui vous a pris il y a huit jours soit passé après vous avoir agité pourtant » plus de quarante heures avec des vomissements fréquents qui sont des suittes d'une bile âcre qui s'effarouche d'intervalle à autre et » vous tourmente de plusieurs accidents très sensibles, comme des douleurs de tête, dégoût, grande altération, un feu qui paraît sortir de » la poitrine.

» Pour remédier à tous ces symptômes, il convient d'adoucir la cause qui les produit...

» Diner de potages succulents sans viandes salées, mais de veau, volailles et bœuf. Le soir, souper de bonne heure d'un peu de » soupe et de roty, poulet, veau ou gibier, enfin de viandes blanches, évitant les noires et tous les ragouts...

» Ménagez-vous, Monsieur, de tout en tout, et vous suis d'un dévouement respectueux. Votre très humble et très obéissant » serviteur.

« De Beauvais. »

Correspondance. — Une autre lettre à « Madame de Chastoguillaume », à la date du 29 décembre 1733, en nous donnant quelques détails sur la vie seigneuriale dans la première moitié du dernier siècle, nous fournit, — toute question d'orthographe à part, — un bon spécimen du style épistolaire usité à cette époque.

« Après vous avoir demandé de vos nouvelles, Madame, et de toute votre famille a comancé par le père, je vous prie de me faire » moudre encore douze boyso de froman comme si cetait pour vous. Je ne sai si vous vous servez de cete nouvelle meule et si elle est » bonne pour le froman. Je n'ay presque plus de farine et j'ai peur d'en manque je n'en ai pas pour la huitene.

» Je ne sai si vou savez que M. de Carmon at une comission pour une compagnie de dragons. Ils l'ont mandé à M. de Flavigny et » le prient d'y aler. M. le premier qui leur a fait donner cette comission s'est réservé la lieutenance et la cornette, à ce qu'ils ont mandé » à M. de Flavigny. Le Capitène sera ces fête à Vilmort à ce que l'on croit. Je vous demande des nouvelle de M. et de Me de la Chèse.

» Je suis bien mortifiée de me voir privée de vous voir par mauvaise sante car si j'étai en etat je vous assure que j'irais vous embras- » ser. J'ay eu même beaucoup de peine a alé a la messe aujourdhui je me sui servi de la juman de M. notre Curé n'aiant que la même » pour M. de Flavigny et pour moy. Mme des Bouchaux est au Dorat, Le Chezo suit les belles et fait l'amour de son mieux.

» Je vous souhaite une sante parfaitte et que vous me croiiez pour toujours toute à vous.

» De Flavigny. »

ÉTENDUE ET REVENUS DE LA TERRE DE CHATEAU-GUILLAUME

En 1641, François Riffault fit dresser un inventaire (1) très exact de toutes les propriétés de la Châtellenie et des charges qu'elles avaient à supporter. On comptait, à cette date, 3094 boisselées (309 hectares 40) qui ne produisaient que 458 boisseaux de tous grains (froment, seigle, et un peu d'avoine) et quelques suffrages.

Cet ensemble de terres était partagé en deux métairies et 15 fermes.

Mais, par suite de nouvelles acquisitions, et sans doute aussi en y comprenant les redevances féodales de toute nature, François Riffault était parvenu à affermer la terre au prix de 2,600 livres au moment où son fils Pierre lui succéda. Toutefois, lorsque ce dernier, soit par suite des charges de la succession, soit par suite d'une mauvaise gestion, fut exproprié au profit de ses créanciers, la terre ne trouva acquéreur qu'au prix minime de 28,000 livres. Les frais, il est vrai, étaient assez onéreux et se répartissaient ainsi : 2,500 livres à l'Évêque de Poitiers, de qui relevait Château-Guillaume ; 250 livres aux fermiers de la baronnie d'Angles, dont il était titulaire, plus les droits de mutation et frais des officiers de la justice d'Angles, pour l'expropriation de la terre.

Accroissement et morcellement. — Pour satisfaire aux exigences des ordonnances royales, rendues dans le but d'asseoir régulièrement les impôts par tout le royaume, il se trouva qu'en 1733 la terre de Château-Guillaume, à la suite d'échanges, de ventes et d'acquisitions successives opérées par Jacques de la Faire, comprenait 6 métairies, 5 borderies et 1 moulin.

Après le retour de l'émigration, Louis de la Faire reconstitua l'ensemble de la terre de Château-Guillaume, dont la moitié avait été saisie et vendue nationalement. Elle fut alors (1802) affermée par bail régulier, 2,725 francs, outre quelques menues redevances imposées au fermier.

Vendue de nouveau en détail, cette terre ne comptait plus guère comme propriété dépendant du Château, lorsqu'elle fut sauvée d'une ruine complète par l'acquisition qu'en firent ses possesseurs actuels. Ils lui restituèrent la partie la plus importante de son étendue, et rendirent au vieux castel sa physionomie antique et quelque chose de la splendeur des anciens jours.

L'étude complète du Chartrier, qui contient des pièces multiples depuis le xive siècle jusqu'à la Révolution, permettrait de reconstituer, presque d'année en année, la vie féodale et la vie sociale dans toute cette région. Le lecteur comprendra sans peine qu'on n'a pu, dans les limites forcément restreintes d'une notice, donner à ce travail toute l'extension dont il est susceptible, et qu'il a fallu se borner, dans les lignes qui précèdent, à ne donner qu'un aperçu fort sommaire peu en rapport avec l'abondance des documents.

(1) En dehors de cet inventaire, les aveux et dénombrements contiennent, dans le plus minutieux détail, les indications de la nature des fiefs, maisons d'habitation, usines, jardins, vergers, bois, garennes et fuies, vignes, prairies, terres labourables, dîmes, cens, rentes et redevances en argent et en nature, y compris les suffrages accessoires en volailles de toute espèce, etc.

III

LE MONUMENT

CONSTRUCTION DU CHATEAU — SA RUINE — RESTAURATION

Dans les précédents chapitres, on a exposé l'histoire du Château et de ses possesseurs, puis la vie sociale qu'il avait occasionnée; il reste maintenant à étudier son architecture et ses qualités militaires, puis à exposer les idées qui ont dominé pour sa restauration.

C'est au commencement du XIIe siècle que Guillaume, comte de Poitiers, traça le plan et jeta les fondements de cette puissante forteresse, destinée à protéger la frontière du Poitou qui formait, comme on peut le voir sur la carte de la page 2, une pointe aiguë pénétrant entre les deux provinces limitrophes, et par conséquent facile à attaquer.

Assiette du Chateau. — L'assiette du Château fut établie sur les pentes du coteau de la rive gauche de l'Allemette, à son confluent avec le ruisseau des Ménardières.

Des fossés assez importants isolèrent l'espace réservé au Château du reste du coteau, en même temps qu'une puissante chaussée, partant de la rive droite de l'Allemette, traversait toute la vallée, en retenant les eaux qui formaient un vaste étang et venaient baigner les murailles. (Voir pl. 2, 3 et 4.)

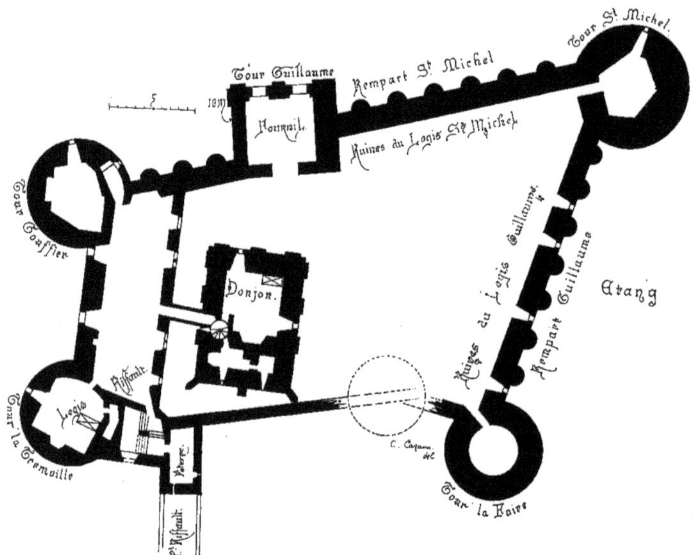

Plan du Château-Guillaume, du milieu du XVIIe siècle à 1878.

Construction du Chateau. — La construction primitive, dont il est facile de suivre le tracé par suite de la nature des matériaux employés et du mode de construction spécial à cette époque, comprenait : le donjon, la première enceinte, formant le château actuel, quadrilatère irrégulier, flanqué de quatre tours puissantes; et enfin, la seconde enceinte, destinée à servir de refuge en temps de guerre aux habitants du pays, qui y accumulaient leurs vivres et leurs bestiaux.

Seconde enceinte. — Elle renfermait une étendue assez considérable; il n'en reste aujourd'hui que des vestiges. Cette seconde enceinte n'entourait pas la première sur tout son pourtour, mais formait simplement une annexe du côté le moins exposé.

Le donjon primitif. — Le donjon primitif est construit en grison du pays; il était disposé sur plan carré et se composait simplement d'une grande pièce non voûtée, à chacun de ses cinq étages, en comptant le rez-de-chaussée.

Ce donjon a été remanié une première fois au XIIe siècle.

Première enceinte. — La première enceinte, qui forme le Château proprement dit, a, en plan, à peu près la forme d'un rectangle dont l'angle le plus rapproché de la chaussée aurait été comme attiré par cette dernière, de manière à permettre de la battre efficacement et d'en interdire le passage, et aussi pour avoir un pont de la plus faible longueur possible.

Il en résulte que cet angle saillant, situé sur le point le plus exposé, était le point d'attaque tout indiqué. Les nécessités de la disposition locale forcèrent de violer ce principe universellement admis à toutes les époques, en fortification, que l'entrée d'une forteresse doit être aussi éloignée que possible du point d'attaque, et placée en rentrant. Pour corriger cette disposition, dont le principe est éminemment vicieux, l'habile constructeur du Château accumula les moyens défensifs de l'époque autour de cette entrée, et parvint à en faire un modèle de défense dont il n'existe probablement aucun autre type aussi perfectionné.

Le Château était flanqué de quatre tours construites avec une solidité extraordinaire, en moellons de silex agglomérés par un mortier extrêmement dur, formant un tout compact, attaquable difficilement, même au burin. Les tours renferment à l'intérieur une seule pièce non voûtée à chaque étage. La tour placée en saillant, et appelée depuis longtemps tour Saint-Michel, était de beaucoup la plus importante.

Les trois autres tours, dont les noms ont fréquemment varié, portent actuellement les noms de : tour La Trémoille, tour Goullier et tour La Faire, du nom des principales familles qui ont possédé le Château.

Outre l'entrée Saint-Michel, qui était l'entrée principale en temps de guerre, il y avait une seconde entrée mettant en communication la première et la seconde enceinte à l'emplacement où se trouve le pont actuel d'entrée.

Les bâtiments et les magasins s'appuyaient contre les remparts; les façades intérieures, construites comme à l'ordinaire en matériaux légers, étaient percées de nombreuses fenêtres.

En résumé, au commencement du XIIe siècle, Château-Guillaume pouvait être considéré comme l'une des forteresses importantes de France. Les parties actuellement existantes de la construction primitive assurent au Château un intérêt tout particulier. Pendant sa construction même, le Château fut exposé à diverses insultes et à quelques sièges plus ou moins importants, qui occasionnèrent souvent des réparations sérieuses.

Tout le XIIe siècle est occupé par ces destructions et reconstructions continuelles, qui ne modifièrent pas le plan primitif du fondateur.

Modifications au XIIIe siècle. — Lorsqu'au XIIIe siècle, Guy de La Trémoille devint possesseur du Château, les moyens d'attaque s'étaient beaucoup perfectionnés; aussi sembla-t-il nécessaire de remanier complètement le Château, pour le mettre à la hauteur des nécessités de la défense. Du reste, pendant les XIIIe et XIVe siècles, il y eut des modifications continuelles.

Le donjon fut réparé et agrandi; son plan devint rectangulaire par l'adjonction d'une construction entièrement en pierre de taille calcaire, du plus remarquable appareil, avec contreforts et éperons aux angles.

Le couronnement du donjon refait à neuf se composait de corbeaux superposés, supportant un léger mur de masque, percé de créneaux. Entre les corbeaux se trouvaient de larges créneaux de pied ou mâchicoulis. Ce donjon était couvert par une plate-forme, comme l'indiquent les profils des moulures et les dispositions prises pour l'écoulement des eaux.

L'extérieur des tours et les remparts aboutissant à la tour Saint-Michel étaient d'une construction si parfaite, qu'ils étaient à peu près intacts. On se borna à voûter un étage de chaque tour, pour se mettre à l'abri de l'incendie, et on reconstruisit les bâtiments intérieurs, appelés logis, qui renfermaient le logement des hommes de la garnison et les magasins.

Construction de la tour Guillaume. — La modification la plus importante consiste dans la construction de la tour Guillaume, sorte de bastion rectangulaire formant saillie sur l'enceinte entre la tour Saint-Michel et la tour Gouffier, permettant d'une part de mieux flanquer l'enceinte, et d'autre part de mieux battre la route passant sur la chaussée. (Voir plans, pages 12 et 16 et pl. 5 et 6.)

On remania à cette époque le corps de logis principal s'étendant entre les tours Gouffier et La Trémoille, pour le mettre à la hauteur des nécessités de la vie de ce temps-là. Ce bâtiment communiquait avec le donjon par un pont-levis placé à hauteur du premier étage. Ce pont-levis était l'unique entrée du donjon.

L'habitation du seigneur et de sa famille comprenait le bâtiment, les deux tours voisines, le donjon et la tour Guillaume.

La cour intérieure du Château était divisée en deux parties; la plus petite, touchant les bâtiments seigneuriaux, était plus élevée de quelques marches que la seconde, appelée place d'armes, sur laquelle donnaient tous les bâtiments de la garnison et les magasins.

xive siècle. — Au commencement du xive siècle, le Château eut à subir plusieurs sièges qui occasionnèrent de rudes assauts et endommagèrent plusieurs parties de la construction.

L'ordre de 1347 prescrivait d'importantes réparations qui ne furent exécutées qu'en partie et détruites peu après. On n'eut jamais le temps de réparer les avaries qui se produisaient continuellement; aussi, à la fin de la guerre de Cent ans, la forteresse était en partie dévastée et eût été presque intenable, si les puissantes murailles du fondateur n'eussent résisté à tous les efforts de l'attaque.

Ruine du Chateau au xve siècle. — A la fin du xve siècle, les tours étaient découronnées, les logis intérieurs tombaient en ruine. La forteresse ne renfermait plus qu'une garnison peu nombreuse.

Restauration de Claude Gouffier, au xvie siècle. — Lorsqu'en 1526, Claude Gouffier, duc de Roannès, devint propriétaire et seigneur du Château-Guillaume, on procéda à certains travaux de restauration, mais le rôle de la forteresse s'était complètement transformé.

La frontière, en effet, par l'augmentation continue du domaine royal, avait été reportée de plus en plus loin : l'unification du pays se faisait successivement. Il en résultait que la vieille forteresse n'avait plus de rôle important à jouer, puisque les causes qui avaient nécessité sa construction avaient disparu. Les seigneurs de cette époque comprirent parfaitement la chose; aussi, abandonnant tout ce qui constituait la forteresse proprement dite, ils ne conservèrent que la partie habitée par leurs prédécesseurs, qui devint une maison forte pour résister aux bandes et aux routiers de l'époque. Ils la disposèrent à l'intérieur suivant les exigences du luxe naissant.

Pour protéger le donjon contre les intempéries, on le recouvrit d'une haute toiture qui pouvait être considérée comme un chef-d'œuvre de charpente; on refit les intérieurs du corps de logis principal; on couvrit d'un toit conique la tour de La Trémoille, et on installa des dépendances dans la tour Guillaume, le reste du Château étant abandonné. Les remparts, même découronnés, suffisaient parfaitement pour assurer la sécurité de l'habitation.

Constructions de Pierre Riffault, au xviie siècle. — Au commencement du xviie siècle, Pierre Riffault devint seigneur de Château-Guillaume et en fit sa résidence; il jugea utile de faire de nouvelles constructions. Les divers étages du corps de logis principal ne communiquaient que par un étroit escalier en spirale. Il construisit un corps de bâtiment contre la tour de La Trémoille, dans lequel il établit un large escalier à deux volées; la grande salle fut séparée en deux parties. Pour permettre de chauffer la seconde pièce ainsi formée, on fut obligé de boucher la double fenêtre en ogive qui était à l'extrémité du bâtiment, et d'y installer une cheminée.

Contre le bâtiment de l'escalier, on établit une poterne, mais le pont-levis fut supprimé et remplacé par un pont dormant, existant encore aujourd'hui. (Voir pl. 4.)

A partir du xviie siècle, les diverses familles qui se succèdent au Château-Guillaume n'y font que des réparations d'entretien et des modifications intérieures, en coupant les grandes pièces par des cloisons. Le pont-levis du donjon est supprimé et remplacé par un pont fixe en bois.

Tout ceci ne s'applique qu'aux bâtiments occupés par Pierre Riffault et au donjon; tout le reste, c'est-à-dire la plus grande partie du Château, était exposé aux injures du temps ou des hommes. Les propriétaires utilisaient, pour l'entretien de la partie habitée et des dépendances, tous les matériaux que l'on pouvait arracher à l'ancienne forteresse. Les constructions intérieures de cette partie du Château disparurent; mais les murs d'enceinte et les tours, bien que dépourvues de leurs couronnements, demeurèrent sur une grande hauteur tels que les avait façonnés le fondateur.

Ruine complète du Chateau au xviiie siècle. — A la fin du xviiie siècle, le Château était complètement en ruines; le procès-verbal de visite cité au chapitre Ier en fait foi, car il donne, non seulement l'état de chaque partie du Château, mais établit, pièce par pièce, le devis nécessaire pour sa réparation. A part le donjon, le corps de logis et la tour de La Trémoille, tout l'ancien Château est « complètement ruiné et incapable de réparations. »

xixe siècle. — Au xixe siècle, le Château-Guillaume, fort peu habité par ses divers propriétaires, ne reçut que quelques réparations intérieures de peu d'importance, et tel était son état général, que sa restauration ne paraissait pas pouvoir être tentée.

ÉTAT DU CHATEAU EN 1878

En 1878, le Château, qui avait peu varié de physionomie depuis le commencement du xviie siècle, présentait l'aspect suivant :

Au bout du pont, on entrait dans le Château par une poterne donnant accès à l'escalier construit par Pierre Riffault, et desservant les étages du corps de logis principal, qui avait, pour annexes, la tour de La Trémoille et le donjon.

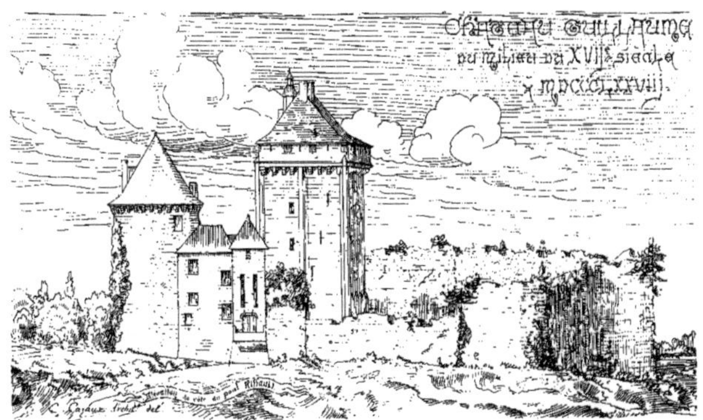

Château-Guillaume, du milieu du xviie siècle à 1878.

ÉLÉVATION DU CÔTÉ DU PONT RIFFAULT

Dans les ruines de la tour Guillaume, on avait installé un fournil; tout le reste du Château était rempli de décombres recouverts d'une végétation parfois exubérante, qui cachait la vue des murailles et ne permettait pas de se rendre compte des dispositions du Château primitif. Dans la tour Gouffier, on voyait un arbre de dimensions considérables.

RESTAURATION DU CHATEAU

Travaux et études préliminaires. — Lorsque la restauration du Château fut décidée, il fallut procéder d'abord à des fouilles et des déblaiements permettant de relever le plan exact, puis fixer les principes d'après lesquels se ferait cette restauration.

Comme on l'a vu plus haut, la raison d'être du Château-Guillaume était sa situation militaire remarquable près de l'extrême frontière du Poitou; cette frontière disparaissant, il devait décliner, et sans sa solidité extraordinaire, il eût sans nul doute complètement disparu; il fallait donc, sous peine de faire un anachronisme, reconstruire le Château tel qu'il était lorsque son importance militaire était justifiée par les circonstances, ce qui ne permettait pas de dépasser la fin du xve siècle.

Il devenait alors nécessaire de supprimer tout ce qui avait été construit depuis cette époque, c'est-à-dire précisément toutes les constructions encore habitables ou susceptibles de réparations. Mais une fois le principe admis, il ne fallait pas s'arrêter à des difficultés de détail. On ordonna tout d'abord la démolition de la poterne et des bâtiments de Pierre Riffault, puis l'enlèvement des toitures du donjon et de la tour de La Trémoille, la suppression des cloisons qui coupaient les grandes pièces, et la remise en état de presque toutes les baies qui avaient été mises à la mode du XVIIe siècle, par la restauration de Pierre Riffault.

M. Cazaux, architecte de la Ville de Paris, fut chargé des travaux de démolition et du déblaiement : puis, il eut mission de relever complètement toutes les parties encore existantes de l'ancienne forteresse et de faire un avant-projet de restauration, après lequel il fut nommé architecte du Château.

Les travaux furent féconds en découvertes; on retrouva l'entrée Saint-Michel et ses particularités défensives si curieuses, presque intactes; on retrouva également les fondations des bâtiments adossés intérieurement à l'enceinte. Le déblaiement permit de reconnaître les traces des bâtiments de l'époque de la fondation; ils étaient beaucoup plus étroits que ceux construits au XIIIe siècle.

On put alors fixer les principes qui devaient guider pendant la restauration : remettre les constructions des diverses époques telles qu'elles avaient dû être faites par leurs constructeurs respectifs, sauf le cas où des modifications importantes avaient été faites antérieurement au XVe siècle; enfin, il fallait aussi, sans altérer en rien l'aspect extérieur et les distributions intérieures de la forteresse, l'approprier complètement aux exigences de la vie moderne.

Pendant l'exécution même des travaux, l'architecte dut souvent modifier profondément le plan primitif de restauration. En effet, chaque découverte nouvelle était l'objet d'une étude et d'une discussion approfondie, qui amenait à envisager différemment la reconstruction de telle ou telle partie.

La seule modification au plan de l'enceinte fut le rétablissement du rempart entre les tours de La Faire et de La Trémoille, en le redressant comme il avait dû être autrefois; car, à la suite de diverses brèches, il avait pris une forme irrégulière qui avait nécessité au XVIe siècle la construction d'une petite tour ou bastion, aujourd'hui complètement démolie.

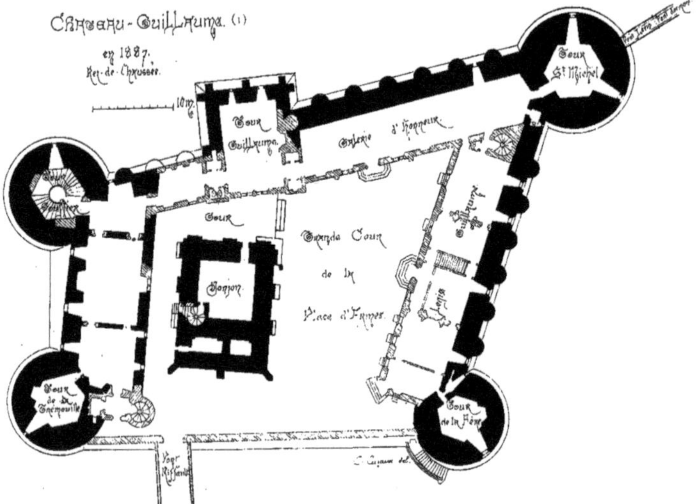

Plan du Château-Guillaume en 1887.

(1) Les parties des plans couvertes de hachures indiquent celles qui sont neuves.

DESCRIPTION DU CHATEAU

Entrée actuelle du Château. — L'entrée Saint-Michel a naturellement été conservée et rétablie dans son état primitif, mais l'entrée usuelle se fait par le pont Riffault, qui occupe l'emplacement de l'ancien pont de communication entre la première et la deuxième enceinte, et qui a été conservé à ce titre, puisque, en temps de paix, il était l'entrée habituelle du château.

Le pont Riffault. — Le pont Riffault donne directement accès dans la cour dont les côtés sont, comme au XIIIe siècle, parallèles à l'enceinte. Cette cour est, comme autrefois, divisée en deux parties : la partie gauche, où se trouve le donjon et sur laquelle donnent les bâtiments d'habitation; puis la partie droite, ancienne place d'armes, complètement libre, sur laquelle donnent les bâtiments qui ont remplacé les logements de la garnison et les magasins.

On suivra dans la description de l'intérieur du Château l'ordre suivant : le corps de logis principal avec les tours Gouffier et de La Trémoille; puis, la tour Guillaume, les bâtiments situés le long des remparts, qui ont repris leur vieux nom de logis Guillaume et logis Saint-Michel, la tour Saint-Michel, la tour de La Faire, et enfin le donjon. (Voir les plans, pages 14 et 18).

Le corps de logis principal. — Sur la cour, les bâtiments du premier groupe n'ont pas reçu de modifications bien considérables. La plus importante a été la reconstruction de l'escalier d'angle qui faisait communiquer les divers étages du corps de logis principal, et qui avait été démoli au XVIe siècle et remplacé par les bâtiments de Pierre Riffault. Toutes les ouvertures de ce corps de logis ont été modifiées, débarrassées des encadrements du XVIIe siècle et remises à leur état primitif.

La façade intérieure de la tour Guillaume et le bâtiment qui la réunit au grand corps de logis ont été refaits dans le style du XIVe siècle, comme les façades intérieures du logis Saint-Michel et du logis Guillaume.

En plan, on remarque les dispositions suivantes : au bout du pont, à gauche, se trouve l'entrée pour le service. Pour arriver à l'entrée ordinaire, il faut passer entre le corps de logis principal et le donjon. L'entrée s'ouvre dans un vestibule sur lequel donnent, à droite, le salon installé au rez-de-chaussée de la tour Guillaume, et à gauche, un autre vestibule conduisant à la salle à manger. Le reste du bâtiment est occupé par les cuisines et annexes.

Le grand escalier d'honneur (non encore construit) a été disposé à l'intérieur de la tour Gouffier. Il était indispensable, avec les habitudes modernes, d'avoir une communication plus facile que celle que donnait l'escalier d'angle à vis; d'autre part, il était impossible de le construire sur la cour, sans altérer l'ordonnance primitive des bâtiments.

Cet escalier débouche dans la grande salle qui, débarrassée de toutes les cloisons, occupe tout le premier étage du grand corps de logis. Elle communique avec la tour de La Trémoille, la tour Guillaume, et donne accès dans le donjon par l'ancien pont de bois qui a été conservé.

Les logis Guillaume et Saint-Michel donnent sur la grande cour; ils ont été rétablis sur les dimensions approximatives des bâtiments des XIIIe et XIVe siècles.

L'entrée d'honneur du Château se trouve au milieu du logis Saint-Michel. Ce logis n'a qu'un seul étage formant une vaste galerie et communiquant d'un côté avec la tour Guillaume et de l'autre avec le logis Guillaume. Dans le sous-sol se trouve la salle basse, dont il sera parlé plus tard.

Le logis Guillaume, qui servait autrefois de logis à la garnison, se compose d'une série d'appartements, au-dessous desquels se trouvent de vastes sous-sols communiquant avec l'extérieur par une poterne.

Tour La Faire. — Dans la tour La Faire, on a établi la chapelle avec entrée particulière sur la cour (voir pl. 4); à l'étage inférieur de cette tour, se trouve un caveau voûté, dans le mur duquel est disposé un puits qui peut suffire à tous les besoins du Château.

La tour Saint-Michel renferme l'ancienne entrée principale du Château en temps de guerre avec ses curieux moyens défensifs.

Le donjon. — Le donjon, débarrassé de sa toiture, a été remis tel qu'il se trouvait au XIVe siècle; tous ses étages sont desservis par une vis qui aboutit à la plate-forme. Cette vis communique maintenant avec l'extérieur par une porte provisoire percée pour l'exécution des travaux.

Au rez-de-chaussée on remarque une cave non voûtée, comme dans toutes les constructions du XIIe siècle. Dans l'annexe du XIIIe se trouve la prison, disposée un peu en contre-bas du sol et communiquant avec l'extérieur par une étroite ouverture. Dans la partie primitive, à chaque étage, se trouve une pièce largement éclairée. Les hautes cheminées, toutes de types différents, sont parfaitement conservées. Au deuxième étage, dans l'épaisseur du mur, on avait ménagé une petite pièce voûtée servant de chartrier. Dans l'annexe, et comme dépendance de chacune des pièces principales, on trouve une petite chambre et de vastes cabinets d'aisances.

En sortant de la cour par le pont Riffault et prenant à droite vers la tour La Trémoille, pour faire le tour extérieur du château, les divers bâtiments se présentent dans l'ordre suivant :

Tour La Trémoille. — La tour La Trémoille, débarrassée des bâtiments Riffault et de la végétation qui l'entourait, a été rétablie avec son couronnement en pierre, tel qu'il avait été disposé au xve siècle, en remplacement du couronnement primitif. Il consiste en un mur de masque crénelé reposant sur des corbeaux. (Voir pl. 4.)

Le bâtiment entre les deux tours, qui était la partie la moins endommagée du château, n'a pas été modifié extérieurement.

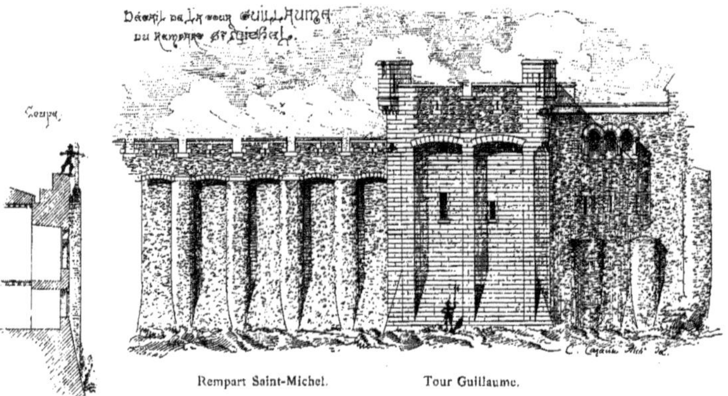

Rempart Saint-Michel. Tour Guillaume.

Coupe du rempart Saint-Michel.

ÉLÉVATION DU CÔTÉ DU PONT NEUF

Tour Gouffier. — La tour Gouffier, démolie jusqu'à moitié de sa hauteur, était remplie à l'intérieur de décombres dans lesquels, comme on l'a déjà dit, avait poussé un arbre de taille considérable. Cette tour n'avait probablement jamais été réparée, depuis sa ruine complète, au xive siècle.

Ses débris étaient encore à l'abri de l'escalade et suffisaient pour assurer de ce côté la sécurité de l'enceinte. Aussi a-t-elle été rétablie dans le style de la construction primitive, sans corbeaux ni mur de masque.

Des trous ménagés dans la partie supérieure permettaient d'établir des hourds, et de larges ouvertures faisaient communiquer ces hourds avec l'intérieur de la tour. (Voir pl. 5 et 6.)

La plus longue façade du château s'étend entre la tour Gouffier et la tour Saint-Michel ; elle comprend la façade de pignon du bâtiment principal, la tour Guillaume et le rempart Saint-Michel.

La façade de pignon du corps de logis principal a été remise dans son état primitif; on a rétabli la double fenêtre ogivale, dont tous les morceaux ont été retrouvés pendant la restauration.

Le pied du mur est flanqué de trois gros contreforts.

Cette partie du rempart, en somme peu exposée, était suffisamment défendue par la tour Guillaume et la tour Gouffier; aussi n'est-elle pas munie de moyens de défense directs.

Tour Guillaume. — La tour Guillaume, construite pour renforcer la ligne de défense, trop longue pour la portée des armes de cette époque, est entièrement en pierres de taille calcaires bien appareillées. Le mur de masque est supporté par des contreforts partant du pied même de la tour : entre ce mur de masque et la plate-forme sont d'énormes créneaux de pied absolument semblables à ceux qu'emploie, dans certains cas, la fortification actuelle.

Bien que le fruit de la muraille englobe le pied des contreforts et supprime ainsi tout angle mort à hauteur d'homme, par surcroît de précaution les angles sont munis d'échauguettes flanquantes, disposées en surplomb et munies de créneaux de pied. Les angles, qui sont toujours le point le moins facile à défendre, sont donc ici munis de deux étages de défense directe.

Il ne pouvait s'élever aucun doute pour la restauration de cette tour. Toute la partie inférieure était intacte, et les débris de l'étage de défense étaient suffisants pour guider sûrement dans sa restitution.

Rempart Saint-Michel. — Le rempart Saint-Michel, construit par le fondateur du Château, se compose d'un mur très épais en moellons siliceux, agglomérés par du mortier extrêmement dur; par place, il est revêtu de pierres de dimension moyenne, sans appareil régulier. Ce mur a un fruit très considérable pour éviter que les contreforts ne donnent des angles morts. En effet, les six contreforts demi-circulaires dont il est muni n'ont leur pleine saillie qu'à la partie supérieure; en bas, ils sont complètement noyés dans le pied du mur, de sorte qu'aucune partie du pied du rempart n'échappe à la vue. Les contreforts supportent le mur de masque, au moyen d'arcs tendus de l'un à l'autre. (Voir pl. 5.)

Entre chaque contrefort, il existe aussi un vaste créneau de pied donnant des vues considérables et permettant l'emploi de toute espèce de projectiles. Le mur de masque est percé de créneaux de surveillance à l'aplomb de chaque contrefort et de meurtrières dans l'intervalle; pour permettre d'accéder facilement aux meurtrières, un corbeau, sur lequel on peut poser le pied, a été placé à leur aplomb.

Comme l'indique la coupe, la partie supérieure des remparts était divisée en deux étages, l'un destiné à la surveillance et au combat; l'autre, situé en contre-bas, abritait de la vue et des coups et servait de refuge pour les défenseurs et de dépôt pour les armes et les munitions.

Tour Saint-Michel. — La tour Saint-Michel, construite également par le fondateur, était, comme on l'a dit plus haut, le point délicat par excellence, puisque la disposition de la chaussée avait forcé d'y placer l'entrée.

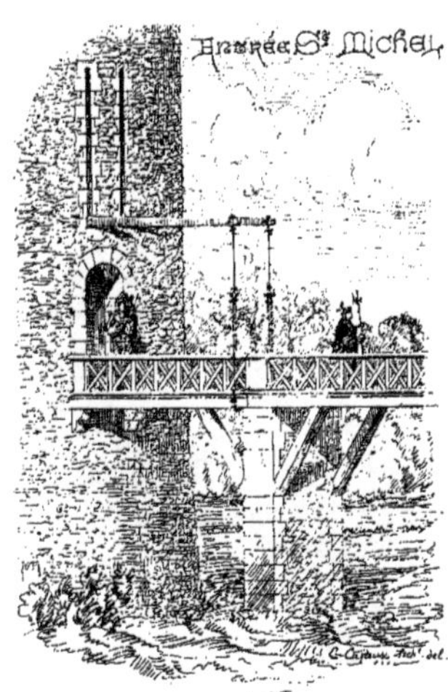

Vue de l'entrée Saint-Michel.

Construite sur un plan circulaire, avec les mêmes matériaux que les remparts, ces murs ont à la base une épaisseur de plus de trois mètres. Elle comprend un étage inférieur au niveau du fond de l'étang appelé fosse d'eau. Au-dessus se trouve l'entrée au niveau de la chaussée. Cette entrée donne dans une pièce hexagonale qui a été voûtée au XIIIe siècle; à l'étage suivant on trouve la chambre des treuils et appareils de manœuvre du pont-levis et de la herse.

L'étage du niveau des remparts était occupé par le logement du capitaine d'armes, le haut de la tour par diverses pièces. Le couronnement de cette tour, plusieurs fois démoli, avait été rétabli pour la dernière fois au XIIIe siècle; il a été refait dans le style de cette époque en prenant comme type le couronnement du fameux donjon de Coucy. En temps ordinaire, la hauteur des murs et l'absence d'ouverture suffisaient largement à la sécurité; en temps de guerre, on disposait sur les corbeaux des hourds à deux étages qui pouvaient contenir un nombre considérable de défenseurs et de dépôts de munitions.

Entrée Saint-Michel. — Il est nécessaire de donner quelques détails sur l'entrée de la tour dite entrée Saint-Michel, qui constitue une des parties les plus intéressantes du Château.

De la chaussée à l'endroit même où étaient disposées les pelles permettant, au moyen du canal, de faire varier le niveau de l'eau, soumis ainsi à une surveillance et à une défense facile, partait un pont fixe se dirigeant vers l'entrée Saint-Michel; ce pont aboutissait à un pont-levis qui, manœuvré de la tour, pouvait se rabattre contre la porte et obstruer complètement l'entrée, défendue, en outre, par une herse. (Voir les dessin et plan ci-contre, et pl. 4.)

Un couloir de près de trois mètres, percé dans l'épaisseur du mur, donne accès dans l'intérieur de la tour qui forme, à cet étage, une pièce hexagonale voûtée postérieurement à la construction primitive, comme il a été dit plus haut. Le plancher de cette salle était mobile autour de deux tourillons disposés perpendiculairement à l'entrée. Il a été remplacé par un plancher fixe. Ce plancher s'appuyait, du côté opposé à l'entrée, sur un large corbeau de pierre; son basculement était empêché par des taquets qui le contre-boutaient de chaque côté de la porte de sortie. Si ces taquets étaient enlevés, tout le plancher basculait autour de son axe horizontal et se plaçait verticalement; de sorte, qu'après avoir franchi par surprise ou violence les défenses de la porte, les assaillants, en mettant le pied sur le plancher, le faisaient basculer; ils étaient ainsi précipités dans la fosse d'eau.

En même temps le plancher, placé verticalement, masquait aux assaillants la porte de communication de la tour avec le château. Cette porte, placée en face de l'entrée, communique avec la salle basse par un couloir dont l'axe est fortement incliné sur la direction de l'entrée; de telle sorte qu'on peut, de ce couloir, voir et battre l'entrée, tout en étant défilé aux coups et aux vues, par la saillie du mur. A l'extrémité du couloir on voit l'emplacement des rouleaux sur lesquels passaient les cordes permettant de rabattre le plancher mobile lorsqu'il s'était placé verticalement.

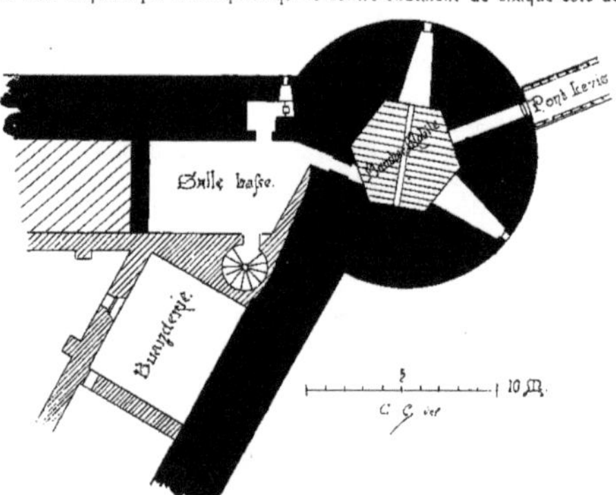

Plan de l'entrée Saint-Michel.

La salle basse dans laquelle on entre, après avoir franchi ce couloir, est une vaste pièce éclairée par une fenêtre donnant sur l'extérieur. Dans l'épaisseur du mur se trouve un cabinet d'aisances. Cette salle basse ne communique avec le château que par un escalier en vis qui, en haut, débouche sur la plate-forme du rempart, et, en bas, descend à la fosse d'eau.

La fosse d'eau. — Cette fosse est une pièce circulaire occupant tout l'étage inférieur de la tour et communiquant avec l'étang par deux canaux. Un couloir, traversant tout le mur de la tour, communique avec le bas de l'escalier dont il vient d'être parlé, et permettait d'aller rechercher les gens tombés dans la fosse d'eau.

Par surcroît de précautions, ce couloir qui, au pied de l'escalier, a une hauteur de deux mètres, va en s'abaissant constamment et aboutit à la fosse d'eau par un orifice suffisamment bas pour forcer de se baisser complètement. Si, pour une cause ou une autre, les assaillants n'avaient pas été tués par leur chute ou noyés dans la fosse d'eau, ils étaient forcés, pour sortir, de se présenter un à un à l'orifice du couloir, dans une posture qui les mettait hors d'état de défense.

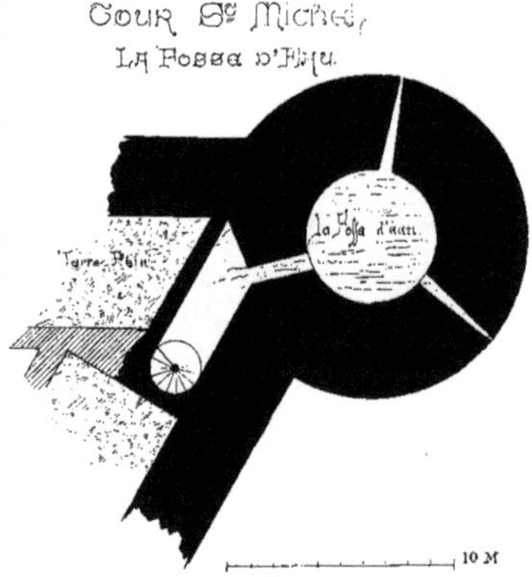

Rempart Guillaume. — Le rempart Guillaume, construit exactement comme le rempart Saint-Michel, aboutit à la tour La Faire. Le couronnement détruit de cette tour a été refait dans le style du XIIIe siècle. C'était un perfectionnement sur le type primitif qui termine la tour Gouffier. En effet, les hourds reposaient sur de solides corbeaux en pierre placés à demeure. En temps ordinaire, en l'absence des hourds, la surveillance, et, jusqu'à un certain point, la défense, étaient assurées par les créneaux et les meurtrières percés dans le couronnement de la tour.

Il reste à signaler l'organisation de la défense.

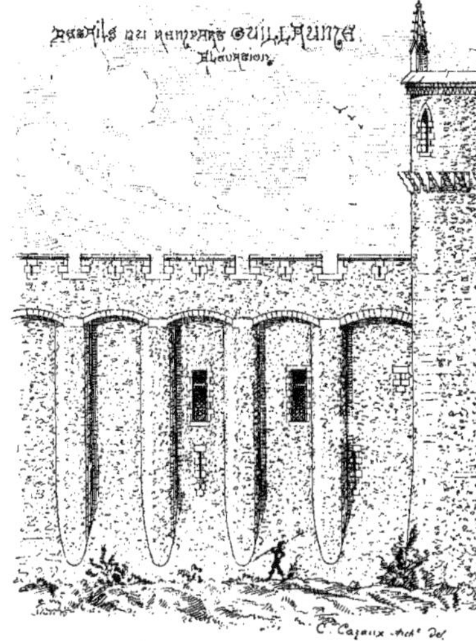

Élévation du rempart Guillaume.

Organisation de la défense du chateau. — Le point d'attaque était la tour Saint-Michel; c'est là que non seulement on avait accumulé les obstacles, mais surtout centralisé la défense. L'escalier en vis, qui met en communication la salle basse avec le reste du château, débouche au niveau de l'étage de défense dans ce couloir, qui aboutit à l'appartement du capitaine d'armes. Ce dernier, installé juste au-dessus de l'entrée Saint-Michel, et immédiatement au-dessus de la chambre des treuils et appareils de manœuvres, commandait donc directement les défenseurs de l'entrée. De plus, il communiquait directement aussi, et de plain-pied, avec les deux remparts; il faut surtout remarquer que toute communication entre les remparts et l'intérieur du château se faisait forcément sous ses yeux, car, de sa porte, il surveillait tout le mouvement qui ne peut se faire que par l'escalier en vis.

Le rempart Saint-Michel donne accès à la plate-forme de la tour Guillaume au moyen d'escaliers à marches triangulaires, pour en diminuer le développement. Le capitaine d'armes commandait donc effectivement et directement toute la partie importante de la forteresse, et, sous ses yeux, aucune trahison ou défection ne pouvait se produire.

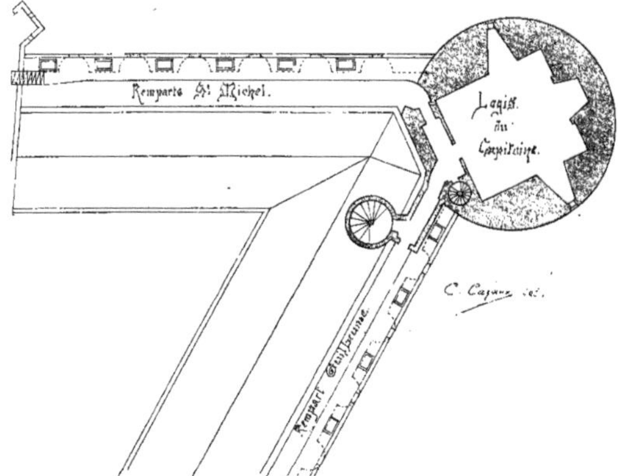

Plan du logis du capitaine et des remparts Saint-Michel et Guillaume.

LE VILLAGE ET L'ÉGLISE

Il ne reste plus à mentionner, à Château-Guillaume, que de rares débris de la deuxième enceinte, conservés par hasard, et l'ancienne église paroissiale, aujourd'hui chapelle Saint-Michel, dans le voisinage de laquelle se trouvent enterrés divers seigneurs du Château.

A part la chapelle, il n'y a rien de particulier à signaler dans le village; il ne se compose du reste que de quelques maisons groupées au pied du Château.

Depuis la restauration, il semble reprendre un peu d'importance et a nécessité le rétablissement de l'ancienne route qui passait sur la chaussée et lui donne accès à la route de Belabre à Lignac, le mettant ainsi en relations avec le monde extérieur.

Actuellement le Château a donc repris sa physionomie primitive; mais il n'est plus entouré d'eau, l'étang ayant été desséché et remplacé par une prairie.

La restauration actuelle a duré plus de dix ans; il ne reste à faire que quelques travaux de détail, et les intérieurs, œuvre délicate exigeant beaucoup de temps et d'étude.

Comte de BEAUCHAMP.

Paris, 15 mars 1888.

APPENDICE

Fac-similé du parchemin de 1347, extrait des Archives du Château-Guillaume, ordonnant les réparations de l'enceinte de la forteresse.

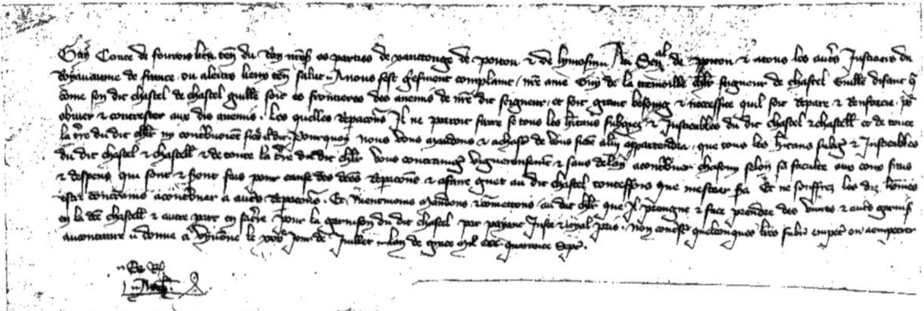

ORDRE DE 1347 POUR LA RÉPARATION DES MURAILLES DU CHATEAU

« Guy, Comte de Fourois, lieutenant du Roy notre Sire, ès parties de Xaintonge, de Poitou et de Limousin, au Sénéchal de Poitou » et à tous autres justiciers du Royaume de France, ou à leurs lieutenants, Salut :

» A Nous s'est gentiment complaint notre aimé Guy de la Trémoille, chevalier Seigneur de Chastel-Guillem, disant comme son dit » Chastel de Chastel-Guillem soit ès-frontières des ennemis de notre dit Seigneur, et soit grand besoing et nécessaire qu'il soit réparé et » renforcé pour obvier et contrester aux dits ennemis.

» Lesquelles réparations il ne pourrait faire, si tous les habitans. subjets et justiciables du dit Chastell et Chastellenie et de toute la » terre du dit Chevalier n'y contribuoit et ainsi comme il dit. Pourquoi nous vous mandons et à chascun de vous si comme à lui appar- » tiendra, que tous les habitans, subjets, et justiciables du dit Chastell et Chastellenie et de toute la terre du dit Chevalier, nous contraignons » rigoureusement et sans délay, à contribuer chascun selon sa faculté, aux couts, frais. et dépens, qui sont et seront fait pour cause des » dites réparations, et à faire guet au dit Chastel, touttefois que mestier sera, et ne souffrez les dits hommes être contraints à contribuer à » autres réparations. Seulement nous mandons et comettons au dit Chevalier, qu'il prenne et fasse prendre vivres et autres garnis en la » dite Chastellenie et autre part en sa terre pour la garnison du dit Chastell, en payant juste et loyal prix, nonobstant quelconques être » subreptices ou à empescher, au contraire. Donné à Vyvône, le XXXe jour de Juillet, l'an de grâce MCCC quarante sept. »

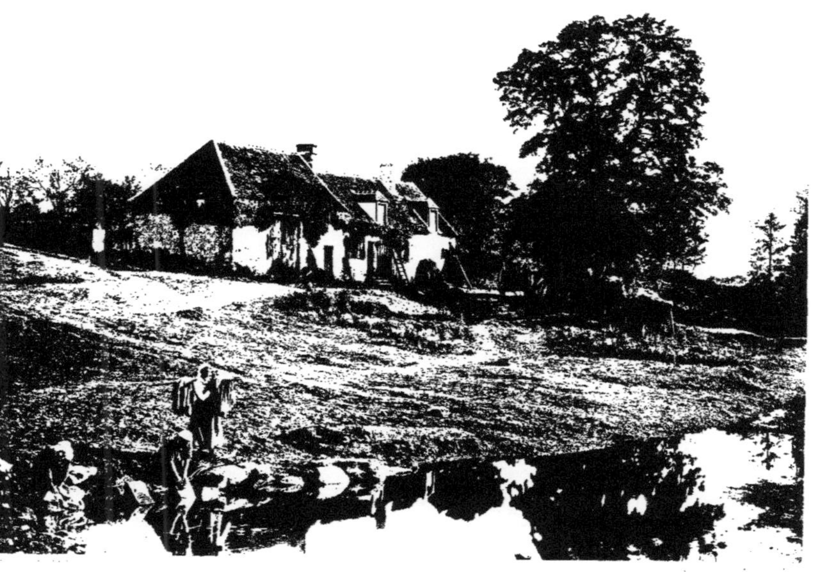

CHÂTEAU-GUILLAUME EN POITOU (INDRE)

CHAUMIÈRE DU HAUT-POITOU

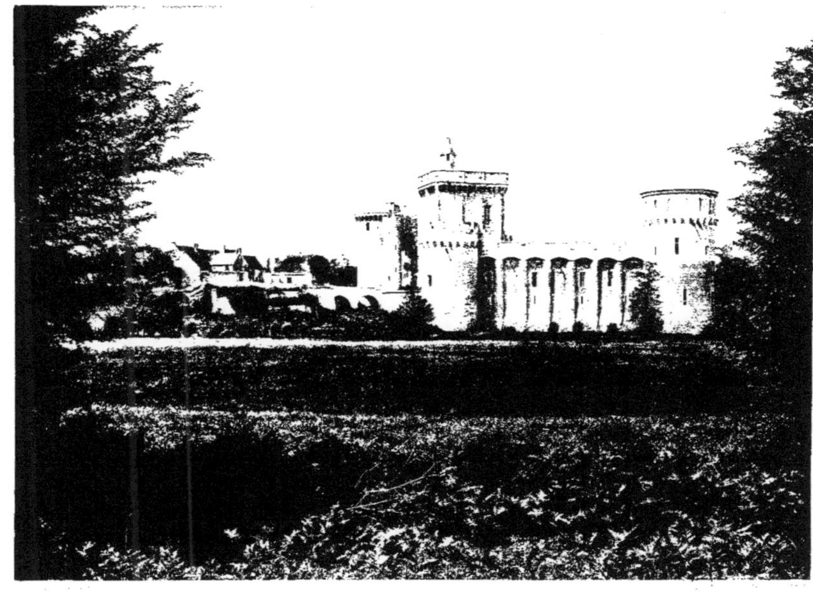

CHÂTEAU-GUILLAUME EN POITOU (INDRE)

LE CHÂTEAU

Vue prise près la route de Belâbre à l'Est

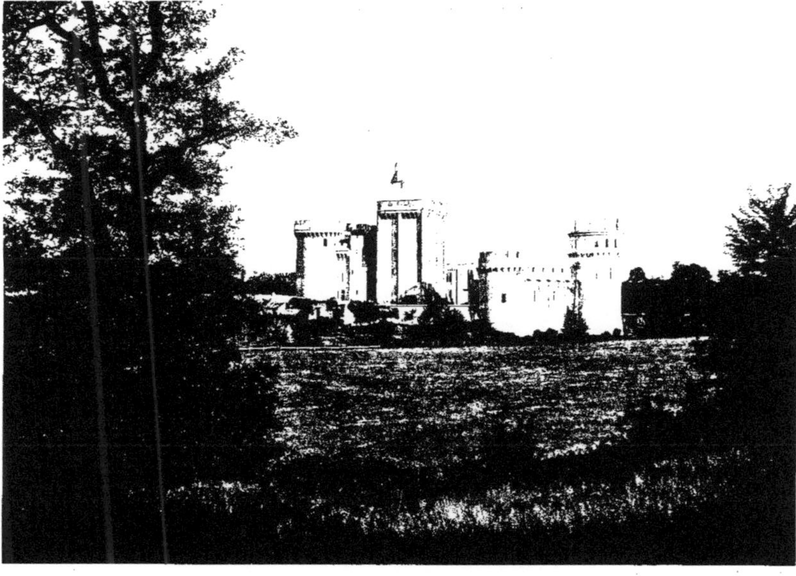

CHÂTEAU-GUILLAUME en Poitou (Indre)

LE CHÂTEAU

Vue prise de l'Encement au Sud-Est

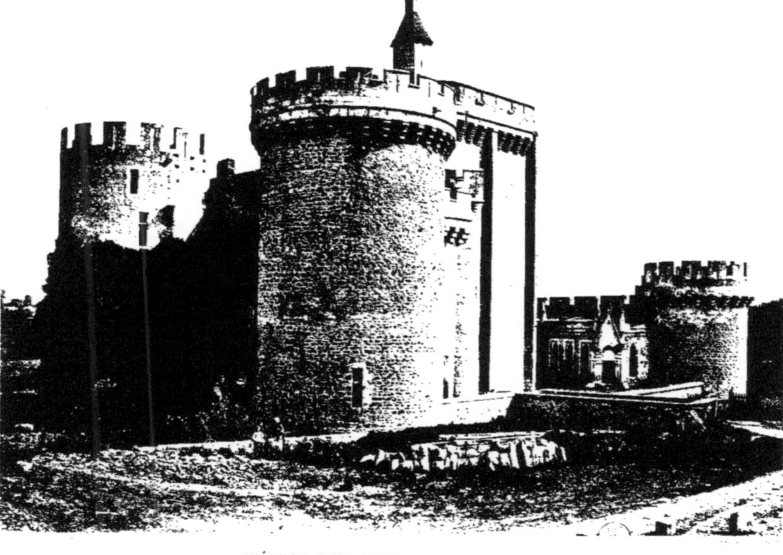

CHÂTEAU-GUILLAUME EN POITOU (INDRE)

LE CHÂTEAU

Vue prise de l'Esplanade au Sud-Ouest

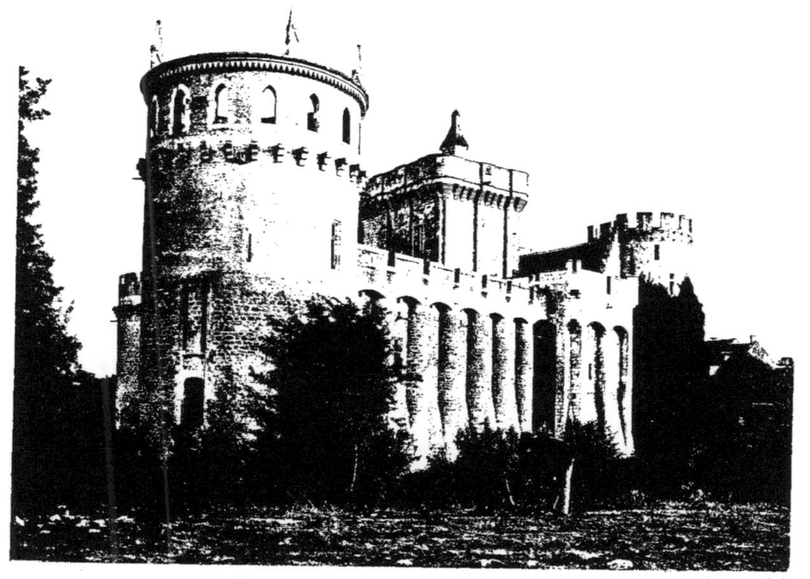

CHÂTEAU-GUILLAUME EN POITOU (INDRE)

LE CHÂTEAU

Vue prise de la Chaussée de l'Étang

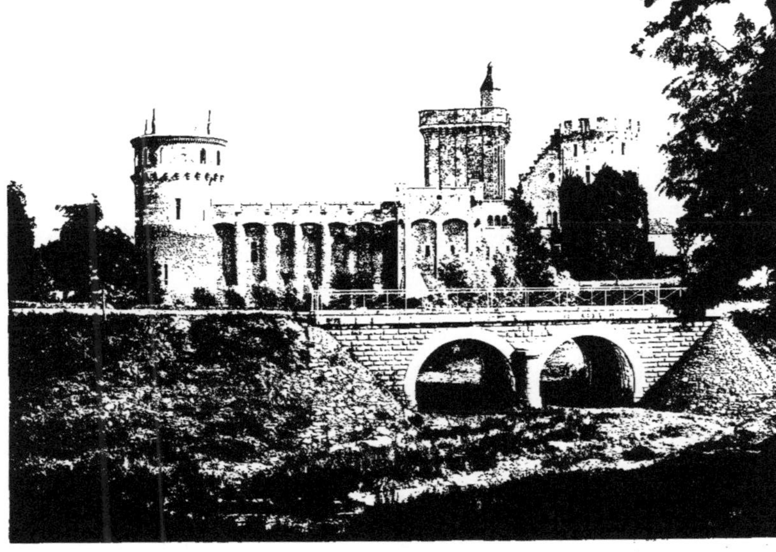

CHÂTEAU-GUILLAUME EN POITOU (INDRE)

LE CHÂTEAU

Vue prise au delà du Pont Neuf

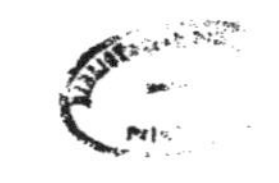

www.ingramcontent.com/pod-product-compliance
Ingram Content Group UK Ltd.
Pitfield, Milton Keynes, MK11 3LW, UK
UKHW021032180726
13838UKWH00004B/1756